孤芳众赏

考试经典赏析

范川 / 著

中国书年出版社

这里是没有官方认证手动加"V"的一个小微博，我们是一群教设计年头很久的老师，这里是我们的教学示范和学生作品的集散地。我们将作品创作要点按照造型、构图、配色和内涵等几个部分总结起来呈现给您。希望大家喜欢并有所收获！

SLICE TO READ

目录

004 ○ 第一章 ○ 杂言碎语。

018 ○ 第二章 ○ 造型什么的最重要了！

060 ○ 第三章 ○ 构思时候别忘了构图！

102 ○ 第四章 ○ 给点颜色看看吧少年！

136 ○ 第五章 ○ 感人肺腑就在一瞬间！

158 ○ 第六章 ○ 尾声。

SLICE TO READ

杂言碎语 ①

SLICE TO READ

学院派🍃健身康乐会馆
2014-07-01 来自网页版客户端

图案，也叫装饰画。通过将日常事物进行主观美化处理使其具有风格和意趣。这也是最初清华大学美术学院在高考时考查的科目，但由于卡通化的低幼画面日趋增多，美院取消了这一科目。所以到现在，能画一手漂亮装饰画的老师已经不多了，更不用说学生了。曾经以装饰画教学为傲的画室也成为历史，被人遗忘。

装饰创作——《忆光华》by 大淼先生

大淼先森：
道德三皇五帝，功名夏后商周，五霸七雄闹春秋，顷刻兴亡过手。

光华老刘：
钱难赚屎难吃，谁干这行谁明白啊！

Rockeeey：
头像和瓶子造型的结合很巧妙，而且这黄颜色的穿插其实蛮讲究的！

翻滚的大丸子：
黄色可以看成是个浅灰啊，黑白灰有节奏地穿插，这画面太美，我醉了！

扫描二维码了解作者
的更多信息吧！

北京服装学院

Design China 学院派 ❤ 健身康乐会馆
2014-07-04 来自网页版客户端

十多年了，高考设计科目有了很多新的分类和形式，如中央美术学院和江南大学在考查图形创意，北京服装学院和北京工业大学在考查创意速写，北京电影学院和中国传媒大学在考查多格漫画和各种设定。还有许多奇怪的学校考查着奇怪的设计内容。但我认为，无论考啥设计，它们一切的基础，其实都还是源于装饰图案。这就犹如画石膏体是画素描的基础一样，如北服设计，虽然字眼中都是创意啊，速写啊什么的。但论起画面效果时，还是在讨论图案式的审美罢了。

图形创意 by 漫画猫朱新南

奇怪的学校：
喔唷？怪我咯？

奇怪的设计：
哦哟？怪我咯？

五元钱一万粉：
中央美术学院发来贺电，祝全国高考的孩子们不要一天到晚做梦，努力画画才是王道！！！

十元钱两万粉：
江南大学发来贺电，祝孩子们艰苦奋斗，为中华崛起而读书！！

跳跃的大丸子：
树和手脚结合，还有面条和毛线，好像形似的物体就容易有组合哦是不是啊？@饭大川美术学院

中央美術学院
剑指央美
点击领取

学院派 @健身康乐会馆
2014-07-05 来自网页版客户端

　　我们一直坚持认为，学习图案不仅仅是为了准备带图案的学校的考试这么简单，它是一门重要的基础学科，对于造型的刻画以及美化的表现，都要在图案课程学习中得到解决。有人会说创意设计什么的更强调创意，我却要问一句：再有内涵的歌换"公鸭嗓子"唱，也是难听的，不是吗？@手艺人周钰淼 今天给同学们做的"棒棒糖"示范，无论是线描的不同状态的三个棒棒糖，还是像带着草帽的素描棒棒糖，其创意都是在刻画十分到位的基础上表现出来的。

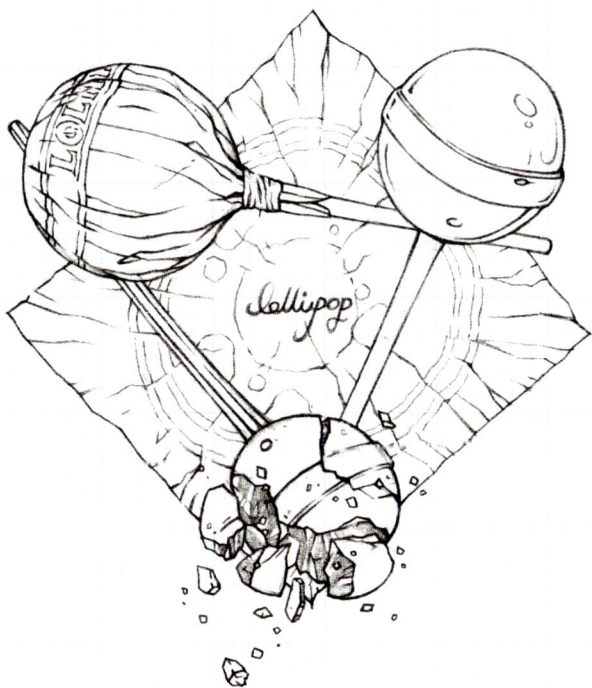

评论4 转发26 赞12

《棒棒糖》央美考题示范 by 大淼先生

匍匐的大丸子：
包裹的糖、裸露的糖和碎裂的糖，简直是三种人生状态啊！赞一个！

公鸭嗓子：
寂寞的人天天换ID，无聊的人天天换客户端！

一台电脑：
啊，三个棒棒糖的组合包括了三角形、圆形和方形，挺不错的！

人家们：
@手艺人周钰淼 第二张的包装纸上是不是该画点包装文字什么的呢？还是因为你懒？

中央美術學院
劍指央美
点击领取

学院派 健身康乐会馆
2014-07-05 来自网页版客户端

黑白图案是将平面构成知识融入其中，而彩色图案内则包含了色彩构成的许多精髓。不同的颜色基调带来了不同的心理感受，不同的颜色搭配带来了不同的画面性格。如去年的考题——"吃过棒棒糖再把感受画出来"，针对于此较通用的手法是用"甜蜜"色作为基调，什么是"甜蜜"色，无非就是一些能让人联想和回忆起"甜蜜"物体的颜色罢了，这些色往往明度和纯度较高，是水果和零食等物品常有的颜色。把这些颜色在画面中呈现了，也就自然地有了甜蜜的感觉。

央美考题示范 by 大淼先生

大牙不想蛀牙：
虽然用了好多笔，但还是很统一的色调啊，在红色、紫色和绿色之中。

去年的考题好难：
这么一说，其实考题也不难啊，反而可以表现得更自由了啊！

吃面条不要用牙签：
但是还是不能画得太卡通啊，虽然棒棒糖是很卡通的题目。

旋转的大丸子：
不想画卡通，就多用一些高级灰色啊，像第二张一样。

北京服装学院

Design China

学院派 · 健身康乐会馆
2014-07-07 来自网页版客户端

针对考题的频繁变化，最好的方法是抓住零散时间让手和脑保持热度。比如下面的这些有意义的小创意图形，是中央美术学院考试和北京服装学院新题型的考试所必需的前期准备。

鲨鱼+汽车

电饭锅+电扇+摇篮

丸 **头晕的大丸子：**
果然是大师！手段真丰富！

Rockeeeeeeeeeeeey：
利用外型相似，找到日常物品的新创意。

苹果+房屋

贝壳+摩托

青蛙+电灯

鱿鱼+人

钻石+蛇+手杖

骷髅+水杯

眼珠+灯泡

鞋+船

鱼+帽

猫衣服套装

大象+滑梯

蚌+床

鹿+树

蛇+浆

评论2 转发62 赞36

图形创意随笔 by 漫画猫朱新南

北京服装学院

学院派 & 健身康乐会馆
2014-07-08 来自网页版客户端

今天收来的优秀作业show一下，物体之间的"同构"有时就在不经意间发生了。有些东西是初学者永远画不来的，不是技巧的问题，而是眼睛看到的东西不一样。初学者看到是＂物＂，而画者看到的是＂象＂。

评论4 转发16 赞78

创意速写——同构创作 by 乘以三

考神YO体：
是黑白灰层次清楚的画面都是好画面吗？

大牙活在暗部：
我喜欢钱包那张，衣服那张没表现话筒！

明暗交界线：
国际象棋啊，歪过来扭过去就很生动呢！

爱上狮子头的大丸子：
连贯干净的线条给人舒服流畅的视觉感受！

北京服装学院

学院派❤️健身康乐会馆
2014-07-09 来自网页版客户端

用拟人手法表现特定含义是北京服装学院考试中常用的方法，在刻画时还是要注意拟人物的形神兼备，不要以为只是咧嘴笑、流鼻涕就是赋予物体以表情了。合理利用物体的零件与五官、四肢同构，才会让创意显得自然而生动。

五官:
利用指针和数字表现五官，不错！

准时的大丸子:
文臣和武将呵呵哈哈！

Rockeeeeeeey:
汽车的表情很到位，自行车略显简单了。

评论3 转发13 赞34

创意速写——《手表与怀表表现传统与时尚》、《汽车与自行车表现秩序与混乱》 by Mr Jack

中國傳媒大學
Communication
University
of
China

学院派 & 游泳馆深水区
2014-07-12 来自资深水货客户端

今天翻到了一位同学的速写本，可真让人佩服啊！32开的场景练习稿居然有30多张，这可是在每天十小时课程再加速写作业之后，再挤出洗澡吃饭的时间画的啊！随意挑几张，供偷懒耍滑的人反省去吧！

进击的大丸子：
怎么都没人留言？是都默默回去努力了嘛？

评论1 转发53 赞32

场景设定练习 by 水木源学生甲

中國傳媒大學
Communication University of China

学院派 游泳馆深水区
2014-07-15 来自资深水货客户端

　　这是一道中国传媒大学"小白杨"考试的真题重练，细致生动的画面让人看着赏心悦目。拥有了扎实的图案基本功后，再加入一些对当下生活的敏锐观察，你的画面便会有本质的变化。创作出漂亮的作品，本身就是一件很漂亮的事情。

苹果：
故事构思很好，造型也很扎实，就是分镜头有点看不清顺序……

进击的大丸子：
打好基础巴扎嘿啊~画起漫画也不怕啊~巴扎嘿~

Rockeeeeeeeeey：
好怀念当时自己第一次参加"小白羊"的时候啊~去北京面试前，把画给别人的小情书都要回来充作品集了！

评论3 转发13 赞34

多格漫画——《apple》 by Mr BuRoG

学院派与游泳馆深水区
2014-07-17 来自资深水货客户端

设计线描课程，是针对时下比较流行的创意素描和创意色彩考试而创造的。里面的基本道理还是从图案和装饰出发的，只是构成要素变成了写实的具体的东西。快速的用线条和简单块面将画面物体的造型，组织构图以及色阶关系表现出来，个人认为这种训练要比用铅笔炭笔装模做样地磨蹭几个小时有意义的多。你觉得呢？@中央美术学院CAFA

只评论不转发：
分分钟要被基础课老师拉黑的节奏。设计其实是建立在基础课之上的总结~基础课也很重要哦~

只转发不点赞：
好！翻成素描也是极好的！

只点赞不评论：
顶一个~~画面的黑白灰层次看着极好啊，所有的装饰都是沿着结构画的，也是真真的好！

评论3 转发19 赞48

设计线描——《旅途》by 林楚乔

学院派 🐷 游泳馆深水区
2014-07-22 来自资深水货客户端

　好创意素描的9个特征：1. 出色的构图；2. 捕捉情绪；3. 图片说故事；4. 保留想像空间；5. 捕捉标志性时刻；6. 描绘特别的东西；7.将概念上对立的东西放在一起处理；8. 独特的光线与色彩；9. 展示被忽略的细微处。

设计线描——《旅途》 by Stone

闭关的大丸子：
黄蓝色调很棒~\(≧▽≦)/~120度的对比色对比真是靠谱啊！

闲的没事干的姨妈：
特殊的视角加上有编排的构图，你很有天分，跟我学做菜吧！

学院派 @ 游泳馆深水区
2014-07-24 来自资深水货客户端

在外地出差的某一天，画了一张装饰画日记：教设计的被困在教基础课的斗兽场里，眼睃着就要被烧烤了，有好多信徒来救他，不过依然生死未卜。儿戏之作莫要大惊小怪，不过说实话，现在能让人好好教设计的地方，真是越来越少了啊……

评论4 转发0 赞0

装饰创作——《Release》by 饭大川

美院隔壁：
画面元素的大小、疏密对比较为巧妙！且教且珍惜呀，饭老湿！

Rockeeeeeeey：
把传统装饰的云纹加进来还挺有意思，石膏像画得极好的！

吃水果要用牙签：
耶稣范亮了~树叶子很销魂！

奔跑的大丸子：
前后层次关系让画面觉得格外丰富呢~~猜猜我是哪一个~~~

SHOWTIME 我们大学 服装 动画 产品 纳传... 东华大学 DONGHUA UNIVERSITY

学院派 游泳馆深水区
2014-07-27 来自资深水货客户端

在外地出差的最后一天，这是另一张装饰画日记：用和计算器的同构表现设计课堂众生相。孩子们，画画时要戒骄戒躁，耐心画好一张复杂的图案，本身就是修炼内心的过程啊。有可能你将来并不是一个职业画者，但这一份美学修养的提高和眼界的扩宽，会让你受益终生。

评论4 转发0 赞0

装饰创作——《设计课堂众生相》by 饭大川

我们都是有审美的人：
这幅画不错，黑白灰穿插也是极好的！

审美：
楼上要不要互粉一下~~啧啧

Rockeeeeeeeeeeeeeeey：
这里面有我！在卫生巾盲僧和杨幂脑残粉的中间！

进击的大丸子：
用黑桌子来分隔画面很独特嘛！学起来！

造型什麼的最重要了②

SLICE TO READ

学院派 盖伦呆过的草丛
2014-08-03 来自德玛西亚客户端

"棒棒糖"是很不错的单体，有球形和线形，还有漂亮的外包装。不过类似棒棒糖的物体还有很多，值得我们抽空研究研究，好好画画。比如：羽毛球、铅笔、转笔刀、铅笔花、磁带、耳机、饭盒、报纸和硬币什么的。写的不全请补充！

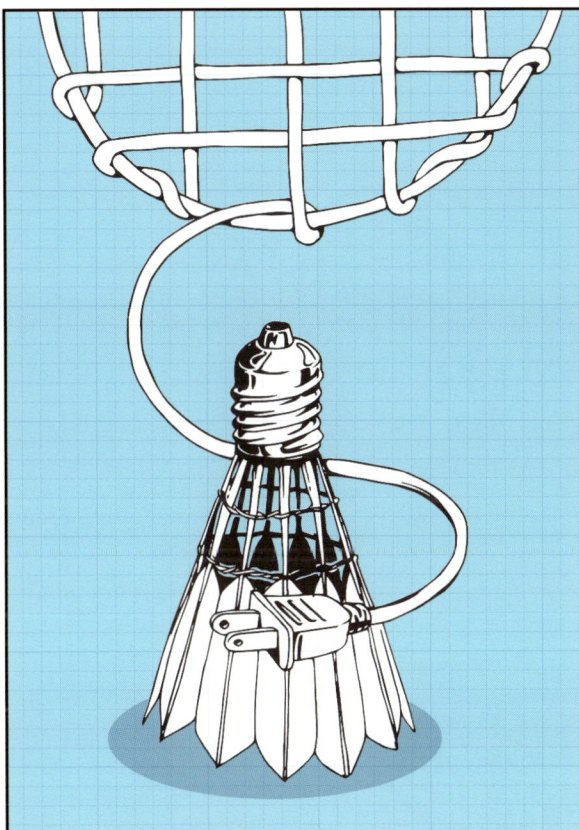

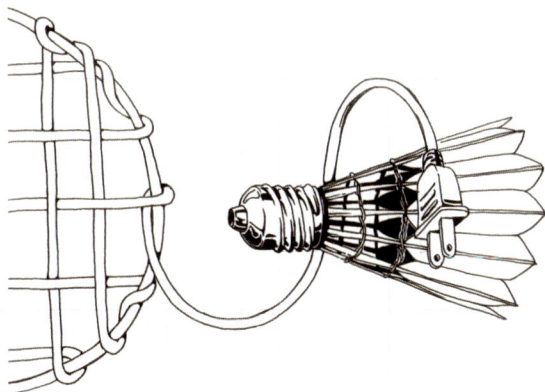

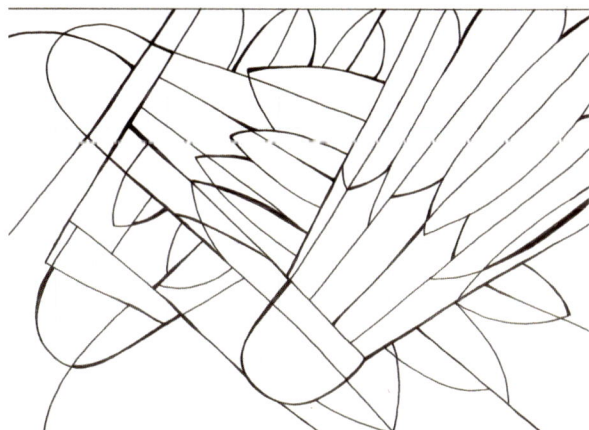

专注拆塔的大丸子：
还有橘子、柚子、菠萝，粽子也都可以。

吃货美女不减肥：
还有巧克力、三明治、鸡蛋、面条。哦对，还有方便面。

举头三尺有牙签：
叉子、药片及其包装、算盘、键盘、颜料盒和剃须刀。

不会数数：
台灯、风扇、拍立得、打字机和鸟笼。

单体线描——《羽毛球》by Mr BuroG

学院派 🎯 盖伦呆过的草丛
2014-08-05 来自德玛西亚客户端

乐器的单体创作，有丰富的结构变化和概括的外形。质感表现也蛮好的！

牙签里脊肉：
画这种图还是需要可靠的照片作参考。

吹拉弹唱的大丸子：
金属质感表现得挺好！

单体线描——《乐器》by 龙城学生

学院派 盖伦呆过的草丛
2014-08-07 来自德玛西亚客户端

"鞋子"是考试中经常会考查的物体，其结构丰富，点线面的形态都有。而且不同的鞋子表现起来也大不相同。

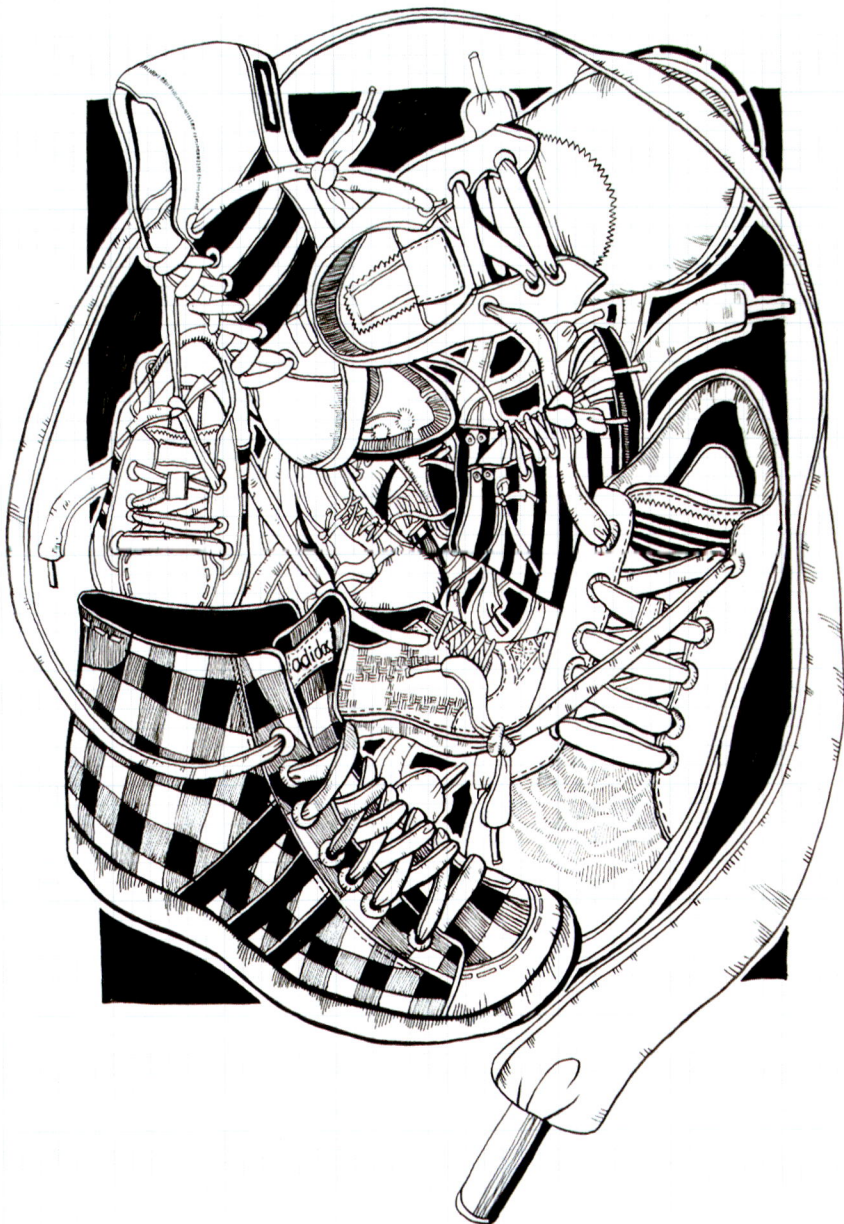

陕甘宁边区的大牙:
每个鞋子都好有特点啊!

不在服务区的大丸子:
不过多数还是系鞋带的鞋啊，
拖鞋和棉靴啊什么的，还是少
了一些。

评论2 转发78 赞36

单体线描——《鞋》by 刘瑶

学院派 ❤ 盖伦呆过的草丛
2014-08-09 来自德玛西亚客户端

电线杆造型以线条为主，垂直的粗线条和水平的细线条，不同的电线杆还通过极细线条产生了联系和交流。拉链包含了线和点的元素，也体现出合并和分裂的意味。都是值得一画的物体。

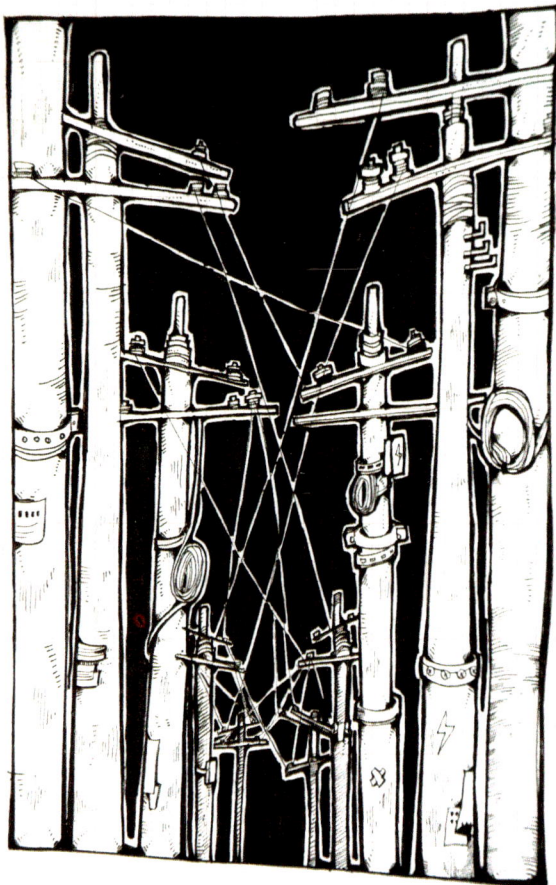

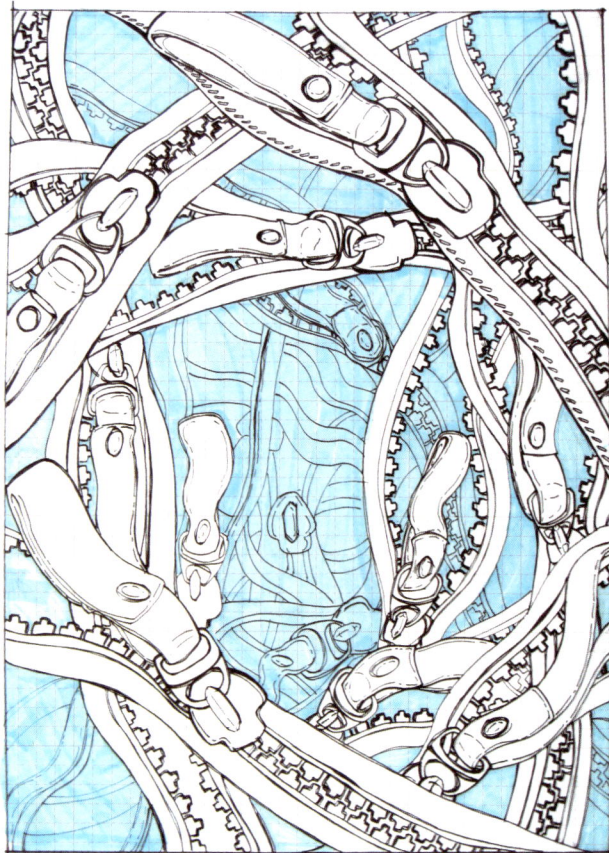

单体线描——《电线杆》、《拉链》

毕业旅行的大丸子：
怎么感觉第二张像是没有画完啊……

高考的省略号：
第一张很有意思，但不太写实啊……

画藻井图案要用牙签：
不过这种处理手法值得参考。

学院派

学院派 盖伦呆过的草丛
2014-08-10 来自德玛西亚客户端

做某一单体的组合画面时，应尽量挑选有如下特点的物体：1.有丰富的结构和独特的肌理质感；2.是点线面造型的集合；3.日常生活可见。

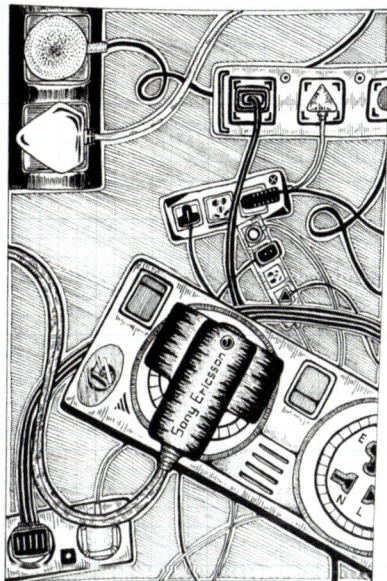

饭大川美术学院：
插座应该是不错的绘画题材。

走失的牙签：
毛线球的画面四两拨千斤啊！

COSER大牙：
很有意思的练习啊！

评论3 转发78 赞36

单体线描——《水管》、《插座》、《毛线球》、《手套》

中央美術學院
剑指央美
点击领取

学院派23号加油站
2014-08-15 来自MADMAX客户端

关于一个单体该如何变化的一些思路，虽然是草稿却很有建设性。

相似　　对称　　三新变　　放射

单体线描——《橘子》by Mr BuroG
单体线描——《烟盒》by 大佘君

饭大川美术学院：
橘子的画面用到了相似、对称、渐变和放射的处理手法，而烟头用到了整分、实虚、特异和发散的手法。

目不暇接的大丸子：
虽然是草稿，但看起来技术好高端！

中央美術學院
剑指央美

点击领取

学院派 23号加油站
2014-08-17　来自MADMAX客户端

有一个人到音像书店买磁带，售货员问他要轻音乐否，他说：轻重都行，我是开车来的……

评论2 转发28 赞16

单体线描——《磁带》

毕业旅行的大丸子：
这冷笑话讲得好温暖………

饭大川美术学院：
第一张除了罗列还是罗列！根本没有画面重点啊！

中央美術学院
剑指央美
点击领取

学院派 23号加油站
2014-08-19 来自MADMAX客户端

可以举一反三，进行两张重复物体的线描作业。

学刺绣的牙登:
第一张的物体…缺乏一些主次关系啊!

学化妆的大牙:
第二张的勾线也太糟糕了!

饭大川美术学院:
多学学长处，别光看到别人的缺点!

评论3 转发18 赞62

单体线描——《路由器》、《PSP》

中央美術學院

劍指央美

点击领取

学院派 23号加油站
2014-08-20 来自MADMAX客户端

掌握结构特征后，再用写实的手法来刻画就容易多了。再给出一些细节刻画得很丰富的图片作为欣赏资料，扫码看吧。

扫描二维码了解作者的更多信息吧！

吃棒棒糖的牙签：
第一张的糖纸有点像布的材质。

大牙要努力：
最难的质感刻画也就是玻璃透明效果和纸张揉搓效果了！

饭大川美术学院：
美院里大一学生的写实素描可以拿来参考参考哈。

评论3 转发18 赞62

真题重画——《棒棒糖》by 壹肆加
真题重画——《磁带》by JACK

極好

学院派 棋牌室三国杀区
2014-08-23 来自魏国版客户端

四只老鼠吹牛：甲：我每天都拿鼠药当糖吃；乙：我一天不踩老鼠夹脚发痒；丙：我每天不过几次大街不踏实；丁：时间不早了，回家抱猫去咯……

评论2 转发10 赞23

装饰创作——《室内》by 壹肆加

Rockeeeeeeeeeeey:
好多猫隐藏其中！

吃了六分饱的大丸子:
挺好的，画面层次很好，有条不紊。

学院派🀄棋牌室三国杀区
2014-08-25 来自魏国版客户端

"两脸三眼"的把戏用过很多次，脸部和杯具的结合也不算罕见，拿铁的泡沫和头发的同构也通俗易懂。造型完整什么的才是最重要的！我们看到一张装饰作品，无论它有多么花哨的装饰、色彩和构图balabala。一切体现画面的水准，都要先看画面元素的造型，是否能打动你~@星巴克

评论4 转发0 赞0

装饰创作——《拿铁和红茶》by 饭大川

大有可为：
人生就是杯具的碰撞~背景用文字装饰还挺有意思！

杯具：
同意！+10086~

剔牙要用牙签：
喝了无数下午茶，依然当不了名媛的我也很杯具呀....TAT

Rockeeeeeeeeeeeeey：
用类似毕加索的立体画法在画装饰画，脸部造型洗练而概括哟！

極好

学院派 🎲 棋牌室三国杀区
2014-09-06 来自魏国版客户端

今天学院派首席助教演示的范画，线条流畅，画面简洁概括，我还记得他边画边说："YOYO，切克闹! 我就是我，有时闷骚有时闹，是动静不一样的摔炮!"@手艺人周钰淼

装饰创作——《街景》、《客厅》by 大淼先生

说唱的大丸子：
哟哟~阿淼有时闷骚有时闹~动静都一样的画得好~

Rockeeeeeeeeeeeeeeeeeey：
大淼老师画的人物又简洁又生动，好赞!

高级黑：
利用朴素的线条来营造美感和节奏感，赞~

高级白：
这两幅画里的人物好像可以相互替换哦? 这也算是图案模版的典型吧?

高级灰：
楼上要不要评论得这么专业!

极好

学院派 棋牌室三国杀区
2014-09-10　来自魏国版客户端

水彩画，先浅后深，先鲜后浊，趁湿上色，勾线救场！

MR.Biqmiao.

装饰创作——《Long time no See》by 大淼先生

城里的大丸子:
hi~美女你的头发线条好优美哦~留个电话啊~

天蓝色美女:
水彩画不就是控制好干湿嘛，例如头发。同城交友 www.paidu.com

抠脚要用牙签:
颜色用得太美了我不敢看~

不会水粉:
求教水彩画～～～

Rockeeeeeeeey:
我来到，你的城市，走过你来时的路~

扫描二维码了解作者
的更多信息吧！

極好

学院派 棋牌室三国杀区
2013-09-12 来自魏国版客户端

画好造型最重要点，第一就是概括。概括是为了让造型更加简洁，让观者能一眼看到最动人的细节。通常的做法是将复杂的造型处理成方、圆和三角，或者其他几何形体，砍掉多余细节之后，造型的关键便会突显出来了。

可口可为：
你们觉不觉得对饭老湿的概括，可以是一个大圆加上了面条一样的四肢~

Rockeeeeeeeeeeeeey：
好萌~给32个赞~

吃了八分饱的大丸子：
第一等级是形似，第二等级是神似？其实也不尽然。

装饰+图形创作——《动物泡面》by 饭大川
装饰+图形创作——《桌角》by Tent

極好

学院派🀄棋牌室三国杀区
2014-09-14 来自魏国版客户端

　　第二是夸张，强调造型的最有特点之处，说是强调，更多的应该是通过对比使观者意识到夸张点，对比最主要之方法，一为面积对比，即大小变化；二为颜色区分，此幅范例中可理解成黑白对比；三为肌理刻画，如画面的疏密和质感等。

装饰创作——《各种帽子》by E.T.

可歌可为：
排线式的装饰让我感到不适。。。

Rockeeeeeeeeeey：
虽然帽子多但还是利用肌理质感大小变化来区分，每个造型画的很准也是蛮拼的。

速泻高手：
大帽子套小帽子，小帽子套小小帽子~大小明确~黑白分明~~

学院派 & 污水回收中心
2014-09-19 来自中华水军客户端

画人物时，主要的装饰对象是头饰、发型和衣服，皮肤尽量不要乱画，不同形象要通过脸型和五官来表现，可以通过对身边的人像的记录来练习刻画准度。@手艺人周钰淼说："你拿什么来交换我给你的肖像呢？"

评论4 转发84 赞45

装饰创作——《头像100》 by 大淼先生

可望而不可为：
啊啊啊啊，错过了好可惜！老师还有没有再画的机会！！

Rockeeeeeeeeeeeeeeey：
狂拽酷炫吊炸天~同求！

叫醒室友需要用牙签：
求大婶..噢不..是大神帮我画一张~~

努力装深沉的大丸子：
各式各样的人物形象啊~画出自己的特色才是最好的~

STOP

学院派 ❷ 污水回收中心
2014-09-22 来自中华水军客户端

#学院派资料推荐时间# 敦煌的图案是我国最经典的装饰宝藏，无论是从造型设计、位置经营以及装饰取舍等方面，都有后人取之不尽的经验可供参考。

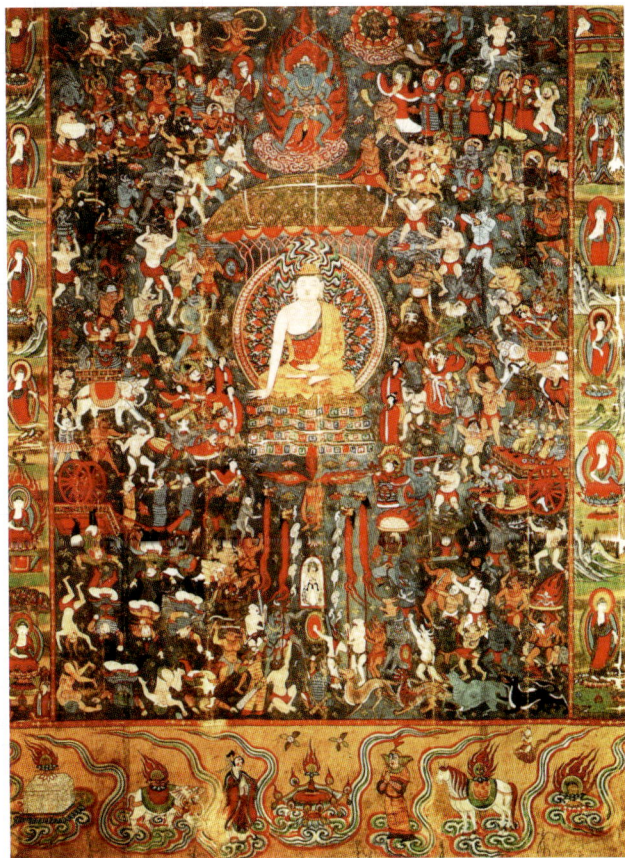

装饰创作——《敦煌壁画》by E.T.

半身带手：
敦煌图案什么的最经典了！唐朝时候的造型最飘逸神秘！

楼上的不识数：
每天临一张，活到二十九~

扫描二维码了解作者的更多信息吧！

学院派 污水回收中心
2014-09-23 来自中华水军客户端

　　常见的卡牌换新颜也是人物创作的很好素材。今天寡人上课布置了扑克牌的创作练习，大家画得都还是挺起劲的。一正一反的形象可以相互补充也可相互对比，统一中要有变化，洒家心想着要是能凑足个54张，打印出来玩斗地主也是极好的。

扑克牌创作——《警与匪》by 伍菀娜
扑克牌创作——《警与匪》by 周不弱

臭不可为：
漂亮的欧美风～～小偷和女警的造型也是生动自然！

中央没数学院：
哈哈牛头马面～～牛头骨，纸马面！

心不在焉的大丸子：
不同的人物形象，类似的动作也很考验画者的控制能力呢！两幅黑白对比很合理。

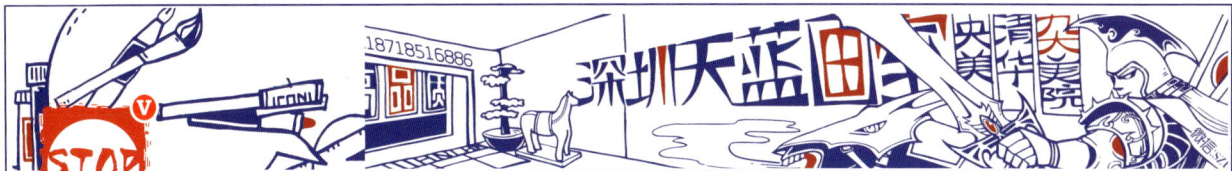

学院派❤污水回收中心
2014-09-26 来自中华水军客户端

不过这个练习还是挺难的，在造型过关的前提下，还要考虑造型的相关性和相反意义。看着大家绞尽脑汁冥思苦想的闻屁表情，真是好逗啊咩哈哈~！范画两张，仅作抛砖引玉之用。@饭大川美术学院

评论4 转发0 赞0

天蓝画室神点评：
歌唱家和海盗都是扯脖子喊哈哈！背景的线条让画面冲击力更强了！

天蓝画室神回复：
闻屁表情哈哈~机器人和门神的组合很有意思！

原地转圈的大丸子：
我喜欢机器人那张，红色和黄色的穿插处理也是醉了！

我有一百万让我上大学：
线条的对比让画面更加活跃呢~

扑克牌创作——《Qua & Kill》by 饭大川
扑克牌创作——《Art is Easy》by 饭大川

STOP

学院派 🌀 污水回收中心
2014-09-26 来自中华水军客户端

不过仔细想想，除了扑克外，其他卡牌也都是可以画画看的，练习造型的题目可以开放些，不然总布置《街边一角》和《窗外风景》什么的，这些"95后"怎么会有兴趣画好呢？

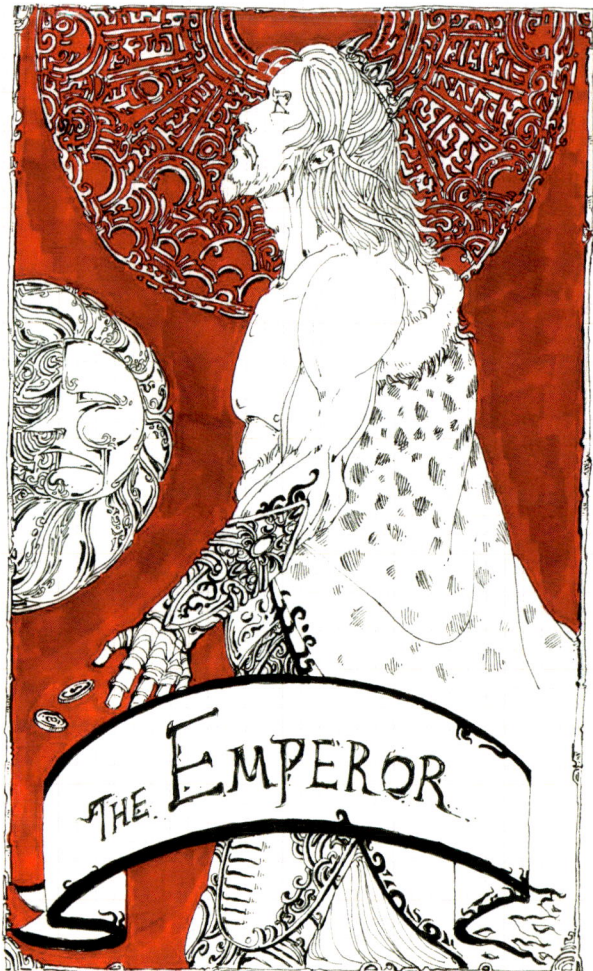

THE EMPRESS

THE EMPEROR

焦作人：
这是我们画室的画！！你盗图！！

不作而死：
回复@焦作人：没错，他们来上课时候你在补文化课……

老大学不如卖早点：
回复@焦作人：都快考试了为啥补文化课？真浪费时间！

评论3 转发62 赞121

塔罗牌创作——《the Empress》 by 杨澍
塔罗牌创作——《the Emperor》 by 姚什么

学院派 🐾 大学城西操场
2014-09-29 来自facelook客户端

假如生活欺骗了你，不要悲伤，不要哭泣……因为生活还会继续欺骗你。

塔罗牌创作——《命运之轮》by 大淼先生

楚楚可为：
继续体：假如高考折磨了你，不要哀怨，不要逃避，因为高考还会继续折磨你。

路边的小牙签：
造型好好看!!!男神啊！

Rockeeeeeeeeeeeey：
天使和恶魔哦……利用颜色和空白表现结构很巧妙啊！

湖北炮灰大丸纸：
设计考试时候可以像图里一样用金色笔么？

评论4 转发55 赞66

四川美院

人才

学院派 餐饮中心发票处
2014-10-03 来自火腿肠幺叉客户端

利用短线和长线的变化排列，组成丰富的灰色层次，是黑白装饰画里画好前后关系一种比较巧妙的方法。

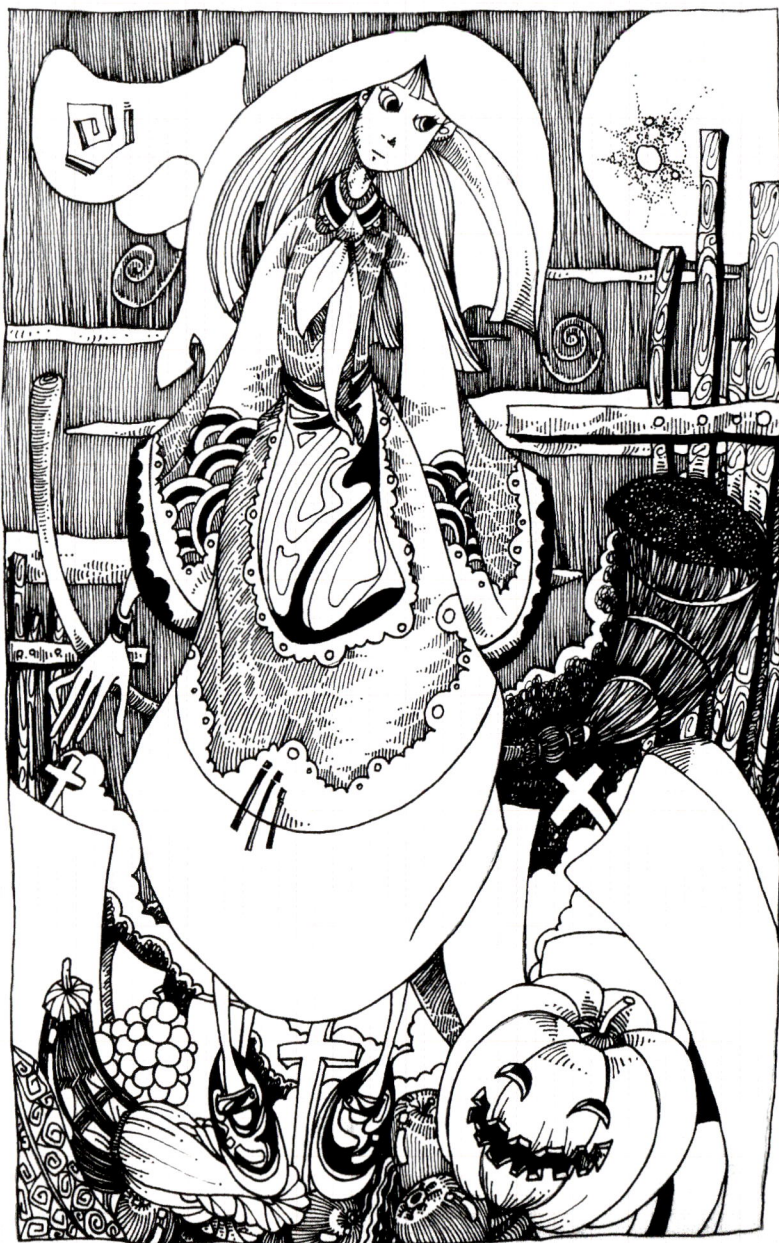

直尺君：
线画不直怎么办？急！！！
在线询问在线等！

钊哥后援团：
想了解钊哥更多最新资讯请
粉我！

焦虑的牙签：
人物怎样才能画好？看动漫
行不？

资料君：
回复@焦虑的牙签：我有
《喜洋洋和灰太狼》全集你
要不？留个邮箱。

评论4 转发87 赞33

装饰创作——《万圣夜》 by 钊哥

四川美院

学院派 🍴 餐饮中心发票处
2014-10-04 来自火腿肠幺叉客户端

转发微博。

#学院派资料推荐时间# 韩美林的作品众多，是中国传统语言与西方时尚元素结合的最好的当代绘画大师，装饰创作、艺术创作和雕塑创作等涉猎极广，本人最大的愿望就是能偷一本他画过的速写本……

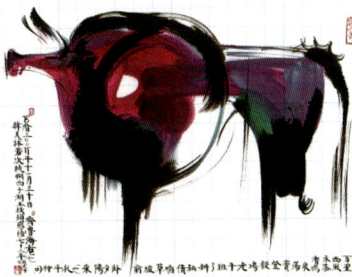

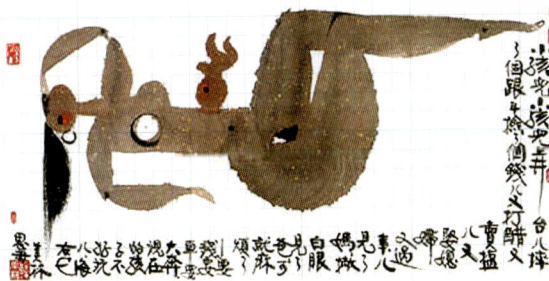

扫描二维码了解作者的更多信息吧！

认真上课的大丸子：
刚刚查了查百度资料，韩老师在绘画、书法、雕塑、陶瓷和设计，乃至写作等诸多艺术领域都有很高造诣。大至气势磅礴，小到洞察精微，艺术风格独到，个性特征鲜明，尤其致力于汲取中国两汉以前文化和民间艺术精髓，并体现为具有现代审美理念和国际通行语汇的艺术作品，是一位孜孜不倦的艺术实践者和开拓者。

土豪君：
听起来不错，他的画多少钱一斤？

评论2 转发243 赞98

四川美院

能否找到一个地方，那里只有枕头和床，音乐和上网，远离高考和竞争，没有压力，没有痛苦，大地鲜花盛开，百鸟争鸣……快醒醒~！该交作业了……

装饰创作——《卧室一角》by 饭大川

高四君：
老师，我是一名复读生，请问您是怎样画黑白装饰画的？除了注意造型穿插、
疏密关系和形象生动，有一些情趣和意味，还需要注意什么？

愤怒的牙签：
不要跟我提作业...It drive me mad~

四川美院

学院派 · 大学城西操场
2014-10-09 来自facelook客户端

今天给学生布置了两个题目：关于动物的练习——《十二生肖》和关于场景构图的练习——《桌面》场景练习，时间有限只画了一张范画，感谢同构，感谢图形创意~！

评论2 转发0 赞0

装饰创作——《生肖桌面》by 饭大川

国事忧忧无心午睡的大丸子：
狗呢？狗在哪？

大兴安岭的树做的牙签：
旺？是狗cosplay成了鸡……啊？

学院派 大学城西操场
2014-10-11 来自facelook客户端

　　文字是设计中不可多得的良材。文字既是图形，同时又具有可读性和符号性，是比一般的方、圆和三角更丰富更有内涵的图形。这张图是我对城市的印象，走在大马路上，的确也是只见招牌不见楼啊！

评论2 转发0 赞0

装饰创作——《商业街》by 饭大川

2B **我的画室没暖气：**
这种画面很酷~~而且不费时~可以做模板了~~

丸 **完成单杀的大丸子：**
看起来很容易，但需要字写得好看才可以！！勤练字体用处多~

学院派 & 大学城西操场
2014-10-13 来自facelook客户端

大气的画面，虽然只有寥寥几个物体，但每个都刻画得细致入微。元素不在多而在精，画面不在繁而在巧。

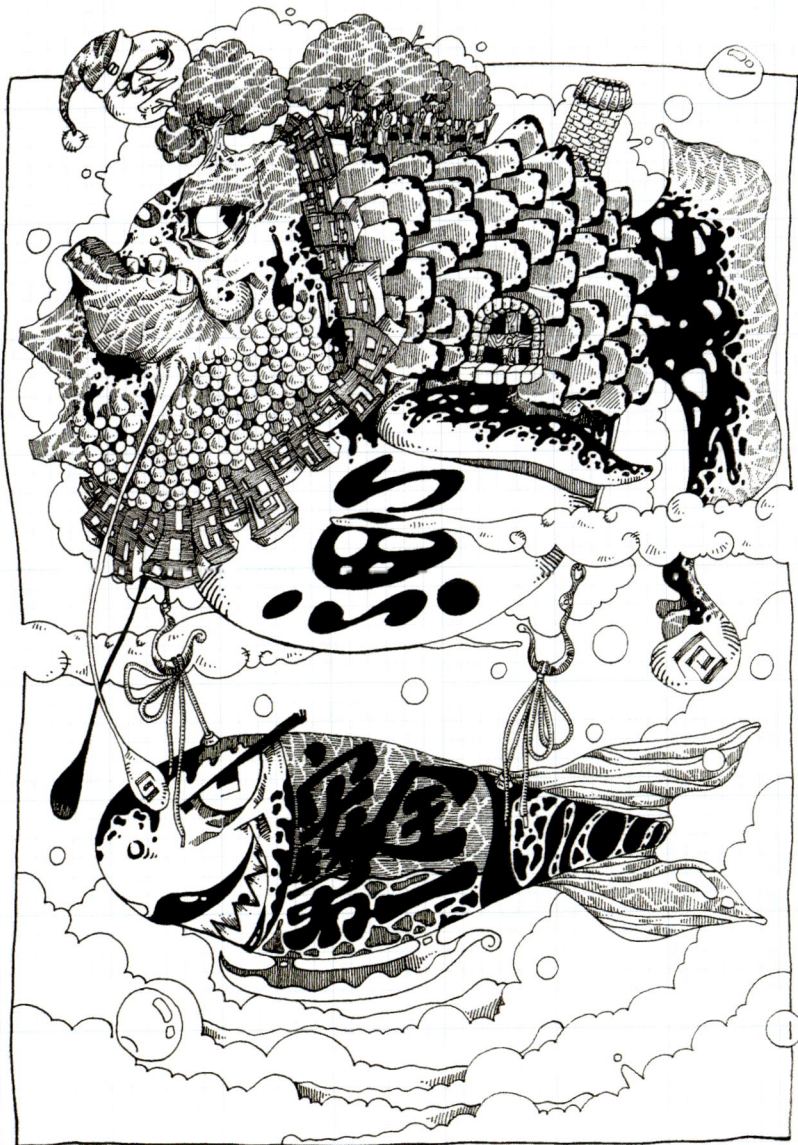

wang zhao.
2007.1.24

Rockeeey:
安全第一的形状怎么老让人想到出入平安捏~

祖孙三代北方人的大牙:
蕉哥真系劲到某朋友咯~~~~

晚出早归的大丸子:
好大气的画法~~每一种语言都运用得好巧妙~~

钊哥后援团:
还~~~有~~~谁?

评论4 转发111 赞188

装饰创作——《大鱼》by 钊哥

学院派 ❷ 大染坊晾干处
2014-10-15 来自VERTUUUU客户端

#习题 - 小物体大空间# 一花一世界，一树一菩提。一物一用处，一人一操行。

装饰创作——《钥匙》by 李不懂
装饰创作——《柠檬茶》by 李不懂

北京服了学院：
画得的确不错，但比我们的@创意速写，可差远了！

疤意速写：
对！没错，她没画大眼睛和裂口嘴！

学院派 ✿ 大染坊晾干处
2014-10-16 来自VERTUUUU客户端

#习题 - 小物体大空间# 今天广美助教小白的范画，利用招财猫来组织出"生活一角"，画面细致生动，富有情趣。就算是特别细微的局部，都画得一丝不苟。

评论2 转发11 赞14

装饰创作——《招财猫》by 小白

费颜料：
伟根老师好手笔!

费橡皮：
小时候常常幻想一个风扇里面有很多小人，在骑自行车发电呢～

学院派❤心情电台
2014-10-15 来自我感觉很难受网客户端

＃习题－小物体大空间＃童鞋，这张画得好丰富啊童鞋！但是童鞋，细节处太密集了啊，有点看不清楚啊！还有童鞋，画的时候要考虑整体，不要太偏执！

Rockeeeeeeeeeeeeeeey:
好像并不是画得越细致越好啊，若是没有从整体构思来考虑的话，反而会有累赘的感觉。

滚啊滚的大丸子:
看着好晕。。。

评论2 转发11 赞3

装饰创作——《轮胎》by 罗仪

学院派 ❤ 心情电台
2014-10-16 来自我感觉很难受网客户端

＃习题－小物体大空间＃不知道美术生有没有这样一种感觉，别人找你借4块钱，你肯定无所谓，但是如果在你价值4块钱的白色颜料里挖一大铲子走了，我想，你一定心如刀割…… 还有比如，1块5掉了没什么，但是1块5的中华"8B"从头断到尾……我想问……你从哪里买到的那么便宜的中华"8B"？？？

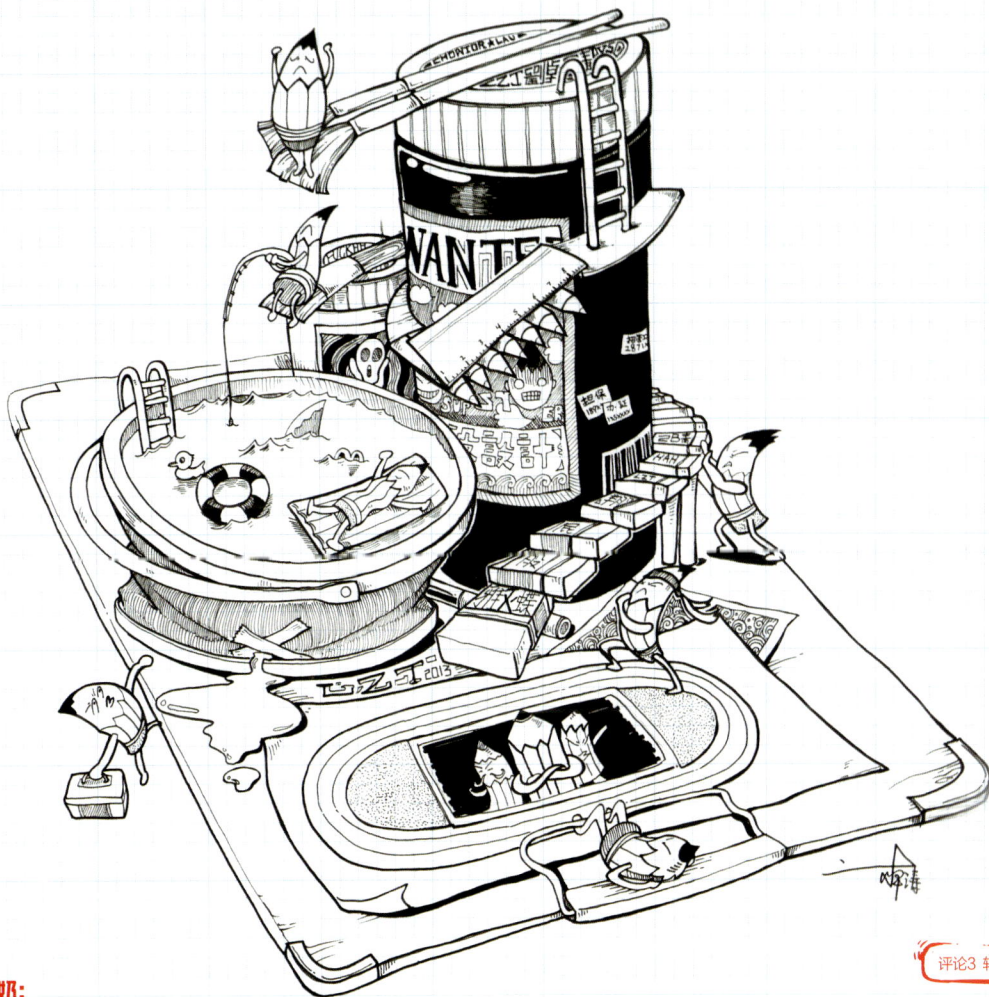

装饰创作——《画材》by 龙城少爷

少奶奶：
他一边给我剥香蕉一边画的！

少姥姥们：
回复@少奶奶：瞎说！他一边给我们捶腿一边画的！

转移话题来的大丸子：
简约而不简单哈～善于发现身边的小事物～那只快要跳下去的铅笔表情好纠结。。。

SHOWTIME
东华大学 DONGHUA UNIVERSITY

学院派 @ 天然牧场
2014-10-20 来自某一个神奇的客户端

＃习题－小物体大空间＃清明三天假：第一天回小学祭奠一下，那里埋葬了你的童年；第二天回高中祭奠一下，那里埋葬了你的青春；第三天回大学祭奠一下，那里埋葬了你的理想；第四天上班了，别忘了祭奠一下单位，因为这里埋葬了你的人生！

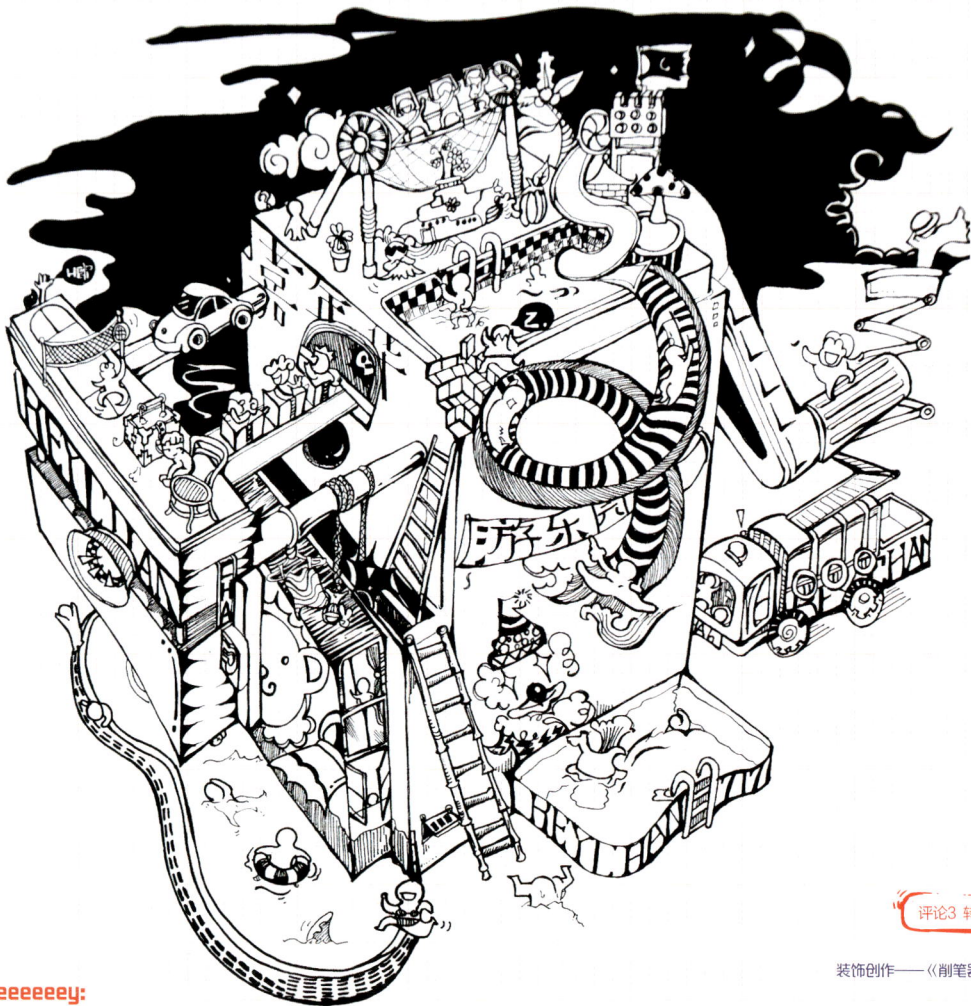

装饰创作——《削笔器》 by Reychan

Rockeeeeeeey:
平行世界的概念~

13 吾名叫陈雷:
童年美好回忆的元素，勾起了回忆~

窝里画:
清明三天假：在床上祭奠一下，那里埋葬了我三分之一的人生……说白了不就是宅么……

SHOWTIME

东华大学
DONGHUA UNIVERSITY

学院派 ❤ 天然牧场
2014-10-22 来自某一个神奇的客户端

　　#习题－小物体大空间#画画实在太无聊了，逼得我都想去学"十字绣"了，还想批发一大包@裤衩子@胸罩子去天桥上摆摊，跟大老娘们聊聊天，一下午也就过去了。实在不行，去买一口大黑锅，煮上几斤花生毛豆，想站在宇宙的中心放声吆喝，胸闷，心情气压太低了。又不至于坏到嗷嗷哭的地步，这样不上不下的，像我这种碳酸汽水男孩根本承受不住。

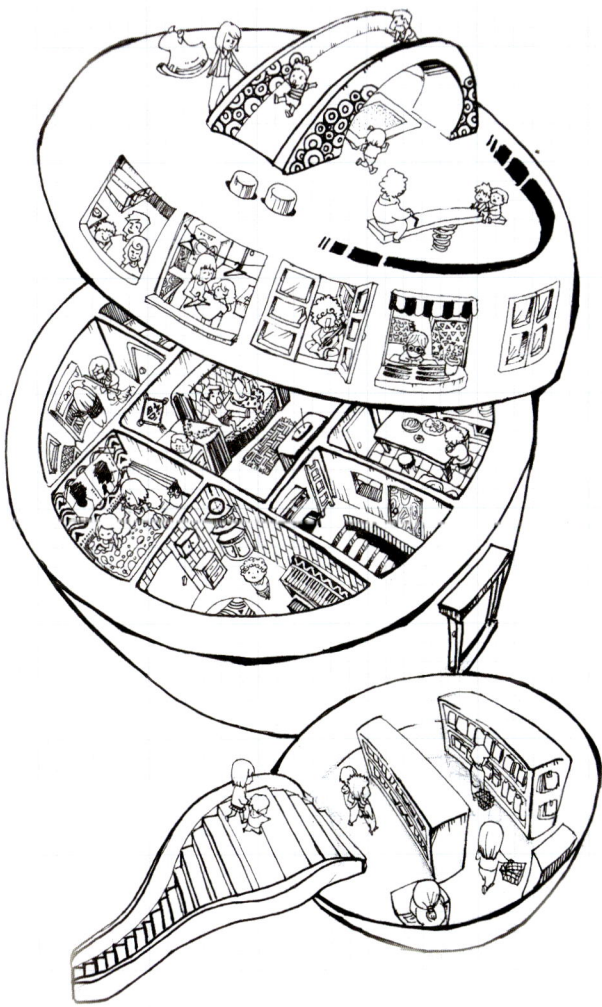

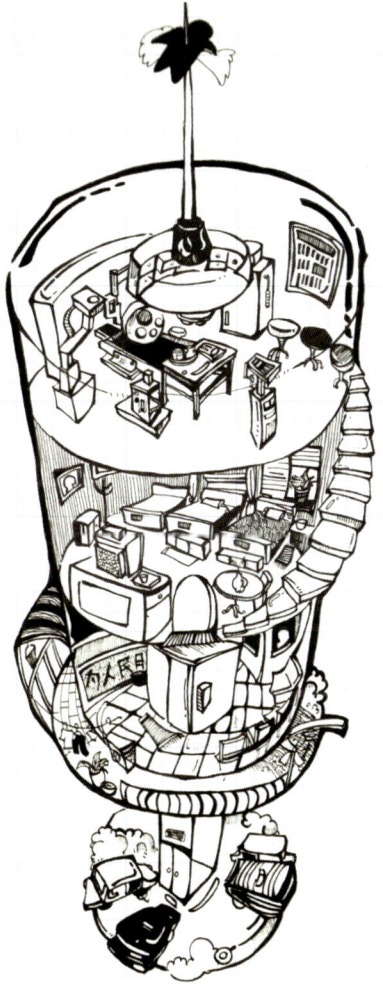

胸罩子：
讨厌，伦家其实叫奶片子！

从勺子里滚出来的大丸子：
我好喜欢那勺子变成的梯子啊，我也好喜欢一层一层，布局合理的针头啊！

评论2 转发51 赞23

装饰创作——《电饭煲》、《针头》by Sasa

SHOWTIME

我大学 服装国 产品 术米的艺术学 传...

东華大學
DONGHUA UNIVERSITY

家庭气氛...

学院派 ❷ 天然牧场
2014-10-23 来自某一个神奇的客户端

＃习题－小物体大空间＃水一般的青岛小奶男画的作业——好时巧克力，结构丰富多变，且层次鲜明，每一层都有独到的主题内容。缺点是树木的造型太过单一，大卡车的透视也不是很准确。anyway，谁人说北方人画画不细腻？

敢笑杨坤不转身：
想法很有创意，你很有天分，跟我混吧，今年我有32场画展～

羊飞云：
跟我混吧～今年我有320场画展！

评论2 转发18 赞66

装饰创作——《好时巧克力》by Candy纸颜

SHOWTIME

DONGHUA UNIVERSITY

学院派 & 天然牧场
2014-10-23 来自某一个神奇的客户端

转发微博。

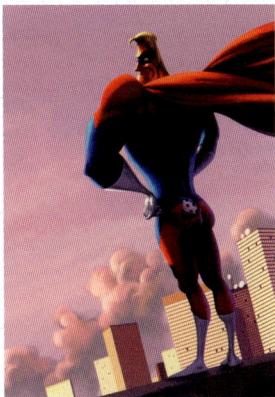

#学院派资料推荐时间#
Denis Zilber。来自以色列
Ramat Gan的插画家Denis
Zilber拥有让人惊奇及眼睛为
之一亮的作品。我很喜欢他
笔下角色的神韵以及表情的
设定，仿佛这些画中人物都
活了过来并且拥有独特的个
性，真的是很棒！

扫描二维码了解作者的更多信息吧！

评论2 转发296 赞59

高光加白：
表情得很传神！

北影是我家录取靠大家：
很适合画人设的参考！

華师一附中

学院派 ✤ 大染坊晾干处
2014-10-24　来自VERTUUUU客户端

人物形象画得不错，够生动！画面组织层次有致，够丰富！敢把教师画得悲惨，够胆识！

曹公公：
这么黑老师不怕老师让你考不上好学校咩。。。。

羊仔仔：
勇气可嘉～风格可爱～

酥纸纸：
时间都去哪啦？好怀念啊！小伙伴们！

评论3 转发136 赞131

装饰创作——《寻仙》by 野火

中央美術学院
剑指央美

点击领取

学院派🐑大染坊晾干处
2014-10-25　来自VERTUUUU客户端

问："为什么圣诞节和情人节在中国深入人心，万圣节却没能普及开来呢？"　答："因为女人得不到礼物。"

潜水的开罂:
啧啧,这个骷髅造型不错~~~~我中意!!

不给糖就捣蛋的大丸子:
糖果的装饰和小鬼的可爱把万圣节体现的淋漓尽致呢~

路人甲:
+1,说明了装饰的物品的选择的重要性哇~

评论3 转发123 赞45

装饰创作——《鬼节》by 大淼先生

学院派 @ 大染坊晾干处
2014-10-26 来自VERTUUUU客户端

童年的题目有好多人来画，不过能画出情感的并不多。生动的造型和丰富的层次关系成就了这张画。希望若干年后，画者的童心还在。

评论2 转发121 赞121

装饰创作——《童年》by 伍菀娜

Rockeeeeeeeeeeeeeeeeeeeeeeey:
撒泼的童年~后面的街道画得蛮有意思的。

背到H打头单词的大丸子:
对生活的细节观察理解一定很仔细吧~把童年的欢乐用很能引起共鸣的东西表现得很突出呢~

北京服装学院

学院派 ✅ 大染坊晾干处
2014-10-26 来自VERTUUUU客户端

转发微博。

#学院派资料推荐时间# The Art of Peter de Seve 。众多著名动画角色的父亲大人，New Yorker 的封面插图绘师。人物造型千变万化，绝不雷同！画面举重若轻，大气旁礴！

扫描二维码了解作者的更多信息吧！

评论2 转发130 赞16

专家：
举重若轻的感觉，画面轻松而严谨！

DreamWork：
Good Job! Well Done!

学院派❷天然牧场
2014-10-27 来自某一个神奇的客户端

#习题－我和我的城市#三位助教画的作业示范。人与城市的关系可以通过城市与头发的结合来表现。看惯了前面人物后面背景的千篇一律的构图，这种巧妙构图过的画面是不是让人眼前一亮呢？

装饰创作——《我和我的城市》by 大牙、旦旦&牙签

饭大川美术学院：
洪荒女性的质朴、古典女性的雍容、都市女性的俏丽……

原始的牙签：
我中意大牙画了一顶帽子的创意，所有物体都可以承载其上了！

南三环的大牙：
我也喜欢你把头发同构成草垛的创意，不过古时候有水车吗？

学院派 🐑 天然牧场
2014-10-27 来自某一个神奇的客户端

#习题－我和我的城市# 人物的造
型要注意既保持装饰画的平面化美
感，又要画出当地人的精神气质，
同时头顶的物体也要保证合理，不
要太繁杂，画出城市的最关键建筑
即可。

评论1 转发130 赞 16

装饰创作——《我和我的城市》 by 水木源众学生

饭大川美术学院：
哈哈，想到了那年东华大
学的考题《动感都市》，
人与城市真真儿是比较常
考的主题啊！

学院派❷**美院食堂二楼拐角**

2014-10-28 来自好吃不贵的客户端

摄影大师布列松先生说过："我最渴望的就是抓住正展现在我眼前的某种情势的全部本质，我深信只要一张照片就够了。"

饭大川美术学院：

画面的物体是对称的，然而整个视图又是倾斜的。让动和静找到了完美的结合点。

设计线描——《早餐》by Mr.BuroG

学院派 ❤ **美院食堂二楼拐角**
2014-10-30 来自好吃不贵的客户端

　　线描练习是用来针对构图所做的专项练习，是设计素描和设计色彩的开胃菜。这几张作业虽然画得并不深入，线条也比较粗糙。但有着完整的构图关系和较好的形式美感。所以也是值得学习的。

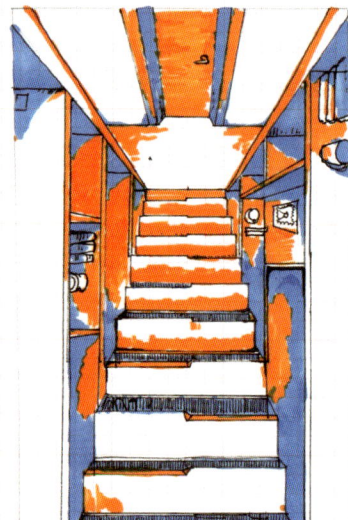

评论2 转发3 赞5

设计线描—《室内一角》

Rockeeeeeeeeey:
左上那张将各个物体归纳成方形，很有形式感！

抬头仰望的大丸子:
右下这张倒是概括的很简洁，但对于具体物体的刻画太少了啊。

学院派📍**美院食堂二楼拐角**
2014-10-30 来自好吃不贵的客户端

平视角是较容易画出意境的角度，但缺点也是容易造成远近不分。用形状变化和明暗光影来区分吧！

设计线描——《又见炊烟》by 精品一小鸭子

设计线描——《镜子里》by 极品二的同学

可为可不为：
镜子是丰富画面空间的重要载体啊！

蜡笔头儿：
画这个有啥么用？我还是去画半身带手吧！

学院派❷美院食堂二楼拐角
2014-10-30 来自好吃不贵的客户端

有前景和远景的平视角，近景物体的刻画程度主导画面的感染力。

设计线描——《门》 by 方盒静静

设计线描——《厕所》 by 极品一小鸭子

不是狮子头的大丸子：
狮子头这张把远景用墙堵住了不太透气，有点可惜。

饭大川美术学院：
厕所这张应该能画成不错的素描！

学院派@美院食堂二楼拐角
2014-10-30 来自好吃不贵的客户端

对于水缸中的鱼来说，猫咪就是怪兽。有时候观察的角度变了，物体在你眼中的地位和性质也会有大不同。

设计线描——《过年》、《早晨》

百事可为：
大透视再加上居中对称，真不错！

美年达口服液：
真没想到物体换个角度就会有完全不同的感受啊！

学院派 🍟 **美院食堂二楼拐角**
2014-10-30 来自好吃不贵的客户端

在能够熟练刻画物体的前提下，尝试加入丰富的气氛元素，如水流和光影等等。

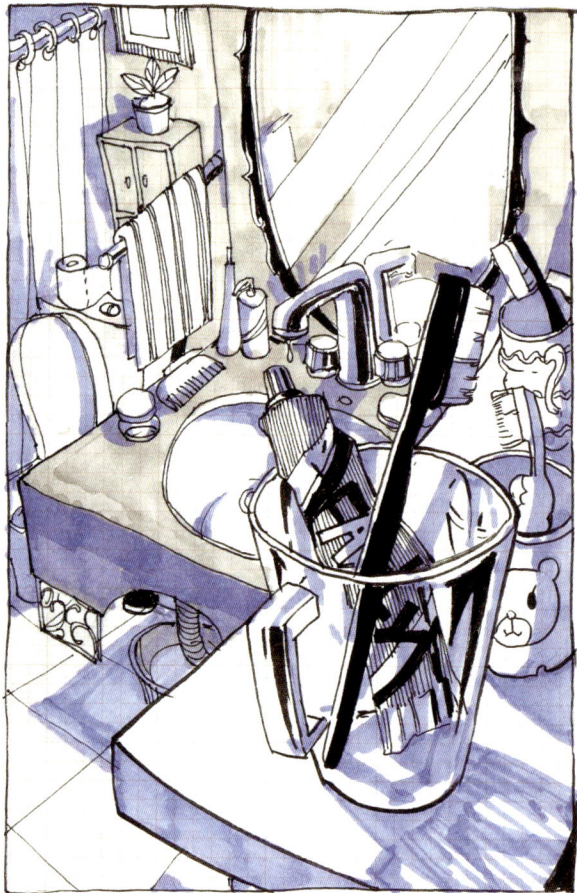

设计线描——《洗》、《漱》by 壹肆加

Rockey:
用针管笔就能画出这种质感！然而并没有什么大用……

茄子比黄瓜紫些:
装饰画原来不只是卡通动漫啊…开眼了……

饥寒交迫的大丸子:
好漂亮的画面好羡慕啊！

学院派❤美院食堂二楼拐角
2014-10-30 来自好吃不贵的客户端

画线描时可以加一到两个颜色，方便区分画面层次，也方便做一些特殊质感。

评论2 转发87 赞12

设计线描——《公共电话》、《厨房一角》 by Mr.BuroG

SUMMER:
厨房的透视好像不太对啊……

无机可为:
刻画得挺深入的，不错！

学院派 ◎ 极地大乱斗蓝色方
2014-11-01 来自断开连接的客户端

一些特定的物体会让画面具有主题性，让常规的"室内一角"带有独特趣味。

设计线描——《职业》by Mr.BuroG
设计线描——《童年》by 清高三某男

饭大川美术学院：
医药箱和白大褂略显拥挤啊！

爱过EXO的大丸子：
右图的东西都挺大的，透视关系有点拉不开。

学院派 V 极地大乱斗蓝色方
2014-11-02 来自断开连接的客户端

稍带俯视角的以花盆为主体物的画面两张。不同的远景造就不同的画面气氛。

设计线描——《有花盆的一角》

贾斯丁比比:
右图的光影效果可以更强烈些。

林百万:
右图后面的那堵墙应该更远些拉开层次会更好。

岌岌可为:
左图的主体物太直白了，要是有些遮挡或物体组合就更好了。

学院派 ❤ 极地大乱斗紫色方
2014-11-04 来自重新连接的客户端

可以通过物体组合关系表现出物体的情感和画面的故事性，比如下面有趣的两张图。学生甲说他要画出"多数孤立个数"的感觉，学生乙说她要画出以前的旧时光。

评论3 转发19 赞43

设计线描——《孤立的鸡蛋》by 极品一小鸭子

设计线描——《旧时光》by 方盒静静

Rockeeeeeeey：
他画得太逗乐了哈哈哈，鸡蛋顶上还有缝呢！

用心品茶的大丸子：
右图的气氛营造得很好，但物体的造型有点含糊啊，需要再明确些，最好再加上光影效果。

姜饼人画速写：
特定的物体暗指人，特定的物体组合暗指特定的生活。

学院派 极地大乱斗紫色方
2014-11-04 来自重新连接的客户端

俯视的"室内一角"两张，到今天有许多同学已经把线描去画成素描了，还在画线描的同学要加油了！

设计线描——《厨房》by 黄丽琼

设计线描——《门口》by 乘以三

饭大川美术学院：
左图画得很整体，但背景要素没交代清楚。

唾手可为：
右边的画得有点散乱，我是说物体东一件西一件的不够整体。

学院派❷极地大乱斗蓝色方
2014-11-06 来自断开连接的客户端

较大场景的两张室内线描，画面中的物体还是最常见的，但细节的处理让画面意味深长。

设计 线描——《小吃》by 王雨婷
设计线描——《走廊》by 方盒静静

可望而不可为：
左边这张好像在哪里见过，好像是一个学姐的素描考卷哦……

有意味的大丸子：
右边的那张背景部分应该笔墨少些，可能空间感会更好。

学院派 & 极地大乱斗蓝色方
2014-11-06 来自断开连接的客户端

今天学生画的大场景的线描，是时候见证真正的画面掌控力了！

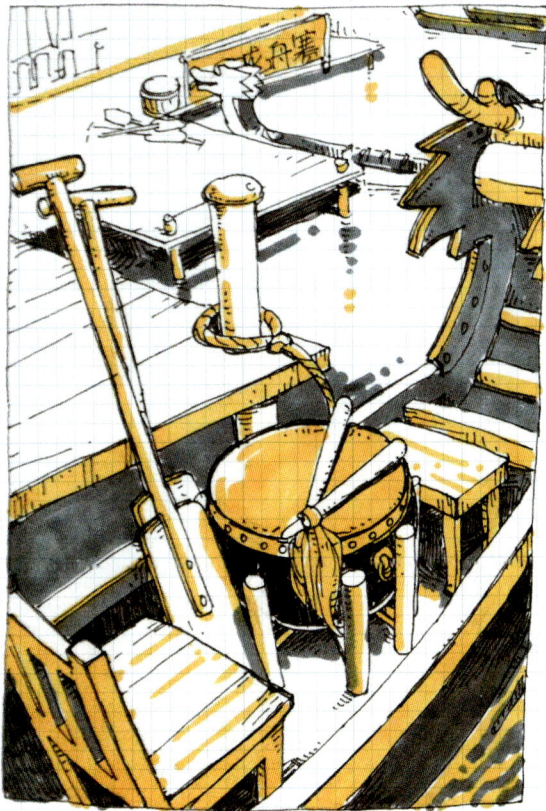

设计线描——《街角》by 极品一小鸭子2号

设计线描——《端午》by Mr.BuroG

林有富：
但是这一切的画面都是建立在学好图案构图的基础上吗？

饭大川美术学院：
是的啊，左图用线缜密，层次很清楚。右图的视角更好，物体刻画更深入。

SHOWTIME
我大学服装图产品传...
东华大学
DONGHUA UNIVERSITY

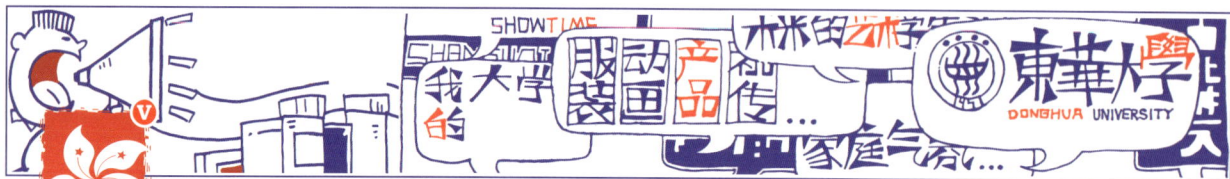

学院派❤港澳台快递收发处
2014-11-10 来自八点二十的客户端

画来画去，图案和线描都是一会事。如图中用写实的背景来做图案的元素，效果不也是挺好的吗？

饭人川美术学院：
游刃有余的画面经营和安排，黑白色块处理得也很合理。就是这猫耳朵有点奇怪啊。

评论1 转发27 赞23

装饰图案——《猫眼里》by 大淼先生

中国人民大学

WE'RE HERE!

学院派 ❷ 港澳台快递收发处
2014-11-11 来自八点二十的客户端

小时候我常想我是考清华还是考北大呢？长大后我发现我想多了……

速写本儿：
人贵在自知！

油画棒儿：
画面张弛有度，疏密分明！

装饰创作——《倒计时》by 胡可爱

SHOWTIME
DONGHUA UNIVERSITY

学院派 🐷 **港澳台快递收发处**
2014-11-12 来自八点二十的客户端

利用造型曲线完成的圆形构图，有一气呵成的创作快感。@白马 的外轮廓生动自然，很美的流线形。用正反形式表现的"喜"，有颠而倒之的生动情趣。

评论3 转发34 赞55

装饰创作——《马》by Mr.BuroG
装饰创作——《喜上眉梢》by 龙城少爷

Rockeeeeey:
颠倒造型的黑白变化也很有意思，天下有情人终成兄妹~

白马:
蜷起一条腿的马造型活灵活现，人物造型若是明确哪个少数民族就更好了！

先破后立的大丸子:
新娘子的头饰处理应该再丰富些，不太像凤冠霞帔……喜字下面的是大红花，还是大煎蛋啊？

SHOWTIME

DONGHUA UNIVERSITY

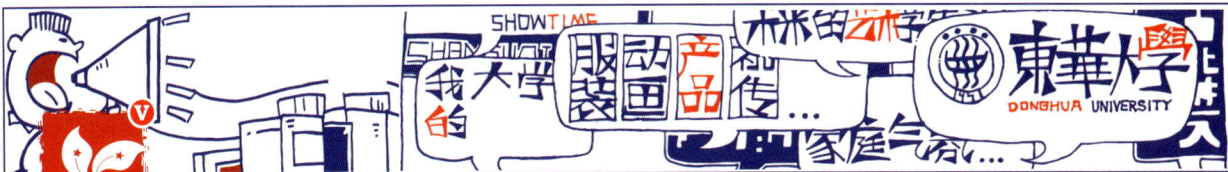

学院派 港澳台快递收发处
2014-11-12 来自八点二十的客户端

这图里画了好多霸气先进的交通工具，但作者还是暗示我们"筋斗云"仍然是速度最快的代步工具。

评论2 转发87 赞12

装饰创作——《旅行》by Mr.BuroG

和蔼可为：
集齐七种交通工具可召唤"筋斗云"哈哈！

铅笔头儿：
后面的黑色块背景蛮重要的！不管画啥图都要注意留白压黑是不变的真理啊！

学院派❤精神康复疗养院
2014-11-14 来自绿豆客户端

丰富的背景前搭配一个洗练的人物造型，这是装饰创作的基本构图，也是画面最有表现力和冲击力的存在。

装饰创作——《生活即景》by 大淼先生

Rockeeeeeeeeey:
多少考前班学子争相模仿。

逛街杀价的大丸子:
深厚的功底，丰富的生活阅历，赞！

用来戳胖纸的牙签:
功底没得说~赞~~疏密构图很好用又易出效果哦~~~

学院派 @ 精神康复疗养院
2014-11-15 来自绿豆客户端

同样是人物和场景的搭配创作，时间却已经过去六年。他的创作多了一份从容和张扬，少了一份天真和稚嫩。但亘古不变的还是那张一眼千年的姨妈脸：他大舅子，你咋还天天那愁眉苦脸的呢？？

装饰创作——《街角》by 大淼先生

Rockeeeeeeeeeeeeey：
人物表情骚萌骚萌什么的最有爱了！

扫货归来的大丸子：
简约而不简单，风格更加大气，随性，好羡慕啊～

折断的牙签：
比起上一张作品来说，房子少了很多但造型更加精炼，层次也比之前清楚了。
果然是洗尽铅华，修成正果！

学院派 & 精神康复疗养院
2014-11-16 来自绿豆客户端

＃习题－构图练习＃ @贵州卫视非常完美 @漫画猫朱新南 @名猫PEGGY感谢今天的装饰示范，作者保留题目给出的物体的外形，然后里面加入丰富的装饰，这种方法有些万试万灵的感觉啊！童鞋，你能照着这张的装饰再来张厨房用品，或者瓜果蔬菜什么的么？

常年逆光：
外形简洁，内容丰富，漂亮的纯装饰～学习借鉴～

灭全场：
所有的装饰都要沿着造型外轮廓或结构转折线展开啊！赞～

装饰创作——《五金用品》by 漫画猫朱新南

学院派 & 精神康复疗养院
2014-11-17 来自绿豆客户端

#习题－构图练习# 小时候画画没有人告诉我们一定要画成什么样：天空不一定是蓝色的，苹果没有明暗交界线，人是可以简单的剪纸线条，画面没有所谓的黑白灰。没有所谓的冷暖变化，无论画成什么样，都会有赞扬声……画画是一门艺术，@高考 你别毁了他！

后生可为：

不能同意更多！艺考扼杀了不少热爱画画的孩子，让他们变成了背诵机器，但是也激发了不少孩子潜在的能力——也被称作求生欲……

装饰创作——《画室一角》by 大淼先生

高烤：

哦哟，怪我咯？

浙江大學
由此进入
ZHEJIANG UNIVERSITY
1897
TOP

学院派 🅥 **皇家赌场**
2014-11-20 来自联想不出来客户端

#习题－构图练习#平铺式构图的教科书般的体现。先画体积较大和内容较丰富的物体，然后再用细节和小物体来填补。不过这个外形有些略臃肿，是恶魔果实里的肿肿果实么？@鼠绘汉化网 @C-Lau

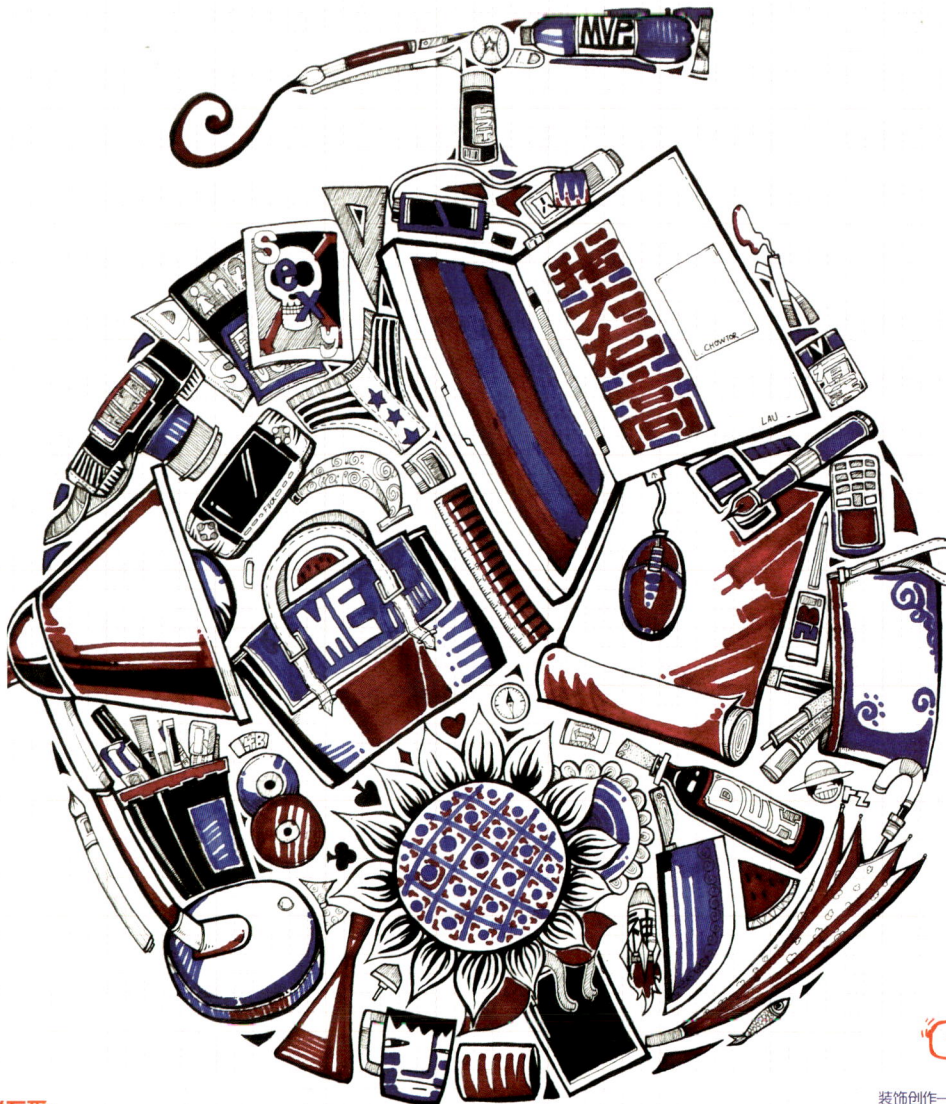

评论2 转发45 赞17

装饰创作——《桌面》by 龙城少爷

累觉不爱：
平铺手法~巧妙运用物体轮廓线~~

咬肌明显：
小物品填充值得借鉴~我怎么想不到那么多？

浙江大學 由此进入
ZHEJIANG UNIVERSITY
1897
TOP

灭 V

学院派 ❤ **皇家赌场**
2014-11-22 来自联想不出来客户端

#习题－构图练习# 同时，平铺式构图还要注意两点哦：一是造型外轮廓的契合，虽然是精心推敲的，但看起来要像自然随意摆放的一般；二是要注意可以适当地加入图形创意，如画面里的手铐和手雷拉环的同构，会让画面更生动。

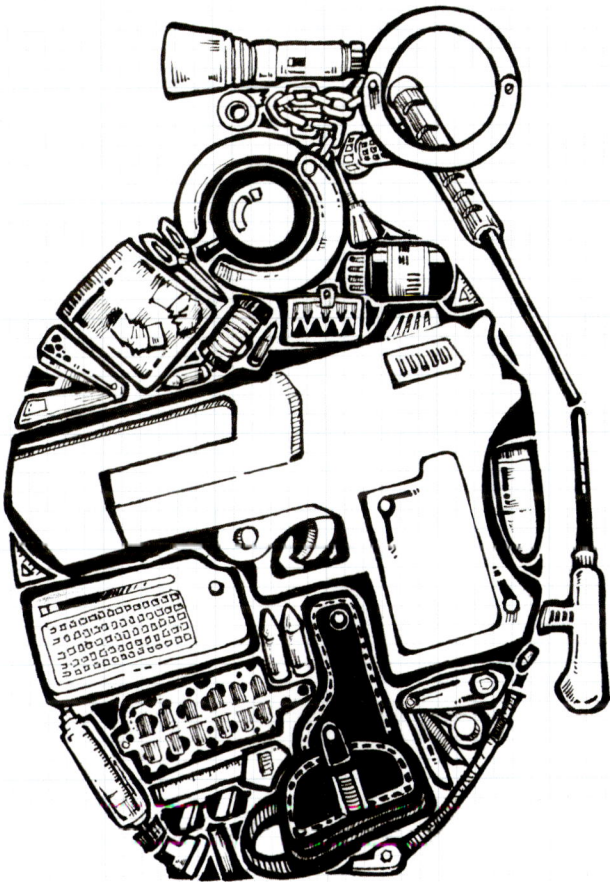

C.LAU 7.12.

装饰创作——《weapon》by 龙城学生 & 龙城少爷

逢考B过：
比较少人能够想到这个主题哈

艺考综合症：
啊啊啊，我的思想怎么这么闭塞！什么都想不到！

随时脉动回来：
回复@艺考综合症：买本《设计馒头》看看！

旧书摊：
回复@随时脉动回来：是《设计漫谈》！！！

凯罗画室
广州权威设计画室

学院派 ✔ 皇家赌场　2014-11-23　来自联想不出来客户端

从传统装饰里学习而来的图案元素什么的最耐看了！

装饰创作——《填装饰》by 雨晴&吴川

北京苫井画室:
画室长期招新，招助教，要求有工作经验有能力～在校大学生亦可～

凯罗画室霸7侧漏:
中国传统元素很多都值得借鉴呢～敦煌壁画、唐卡，甚至是工笔……

Rockeeey:
城乡爱情故事～

想吃樱桃的大丸子:
这种训练方法不错哦～不用考虑构图和造型，专注于装饰处理～初学者必学～万试万灵！

几罗画室
广州权威设计画室

学院派❷**皇家赌场** 2014-11-24 来自联想不出来客户端

有乐观的学生看到说：两只绣鞋走天下，有心理障碍的学生说：一双破鞋镇古今……
用一辆车贯穿古今建筑，不错的构思，细节物体的造型推敲更深入些就好了。

评论3 转发38 赞29

装饰创作——《古今》by 龙城包菜& 龙城狐狸

牙签君：
鞋子里面的小场景刻画还有待加强，用房子表现汽车还是挺有意思的！

小象象在此：
你就天天教学生画这些奇怪的东西吧！还不回来刷碗？！

高不可为：
如果古代的场景外面是一只现代的鞋，效果会不会更好？我觉得也许统一会好

看些……另外，猫猫画得好概括啊……

学院派 图书馆无烟区
2014-11-26 来自谁说2G上不了网客户端

弱性蒙心，随喜赞悦。

装饰大湿:
有种早期装饰画的感觉～是老年人画的!

颧骨下垂:
同上!

眉弓下垂:
同上!

眼袋下垂:
同上!

印堂下垂:
同上!

评论5 转发0 赞0

装饰创作——《随喜》by 饭大川

学院派 **图书馆无烟区**
2013-11-27 来自谁说2G上不了网客户端

你在书里看到的，或许是另一个自己。

装饰创作——《午后》by 饭大川

难能可为：
暖暖的色调让人感觉很舒服呢～

金鸡独立的大丸子：
利用画面格子切分的切割式构图，很有意思!很吸引人～～

小罗画室
廣州权威設計画室

学院派 图书馆无烟区
2014-11-28 来自谁说2G上不了网客户端

#习题－构图练习#高中便是这样的存在：每个人都奇形怪状，形态各异，但缺了谁又感觉不完整。

設計班
Design CLASS\\\\
MR.Bigmiao. 2012.11.06

评论3 转发86 赞52

装饰创作——《龙城设计班》by 大淼先生

小象象在此：
姓饭的，姓粥的，这都是谁？

年级主任龙枭：
每个班级，每个集体都是这样，看似独立，实则统一，缺一不可。虽然时常会有
矛盾和不悦，但是只有各司其职，站在自己正确的位置上，这个班级和集体才能
正常运作。想念亲爱的同学们了！

你爽：
好腻害,抓住每个人的外貌特征了~!我也要好好学习.....

凯罗画室

广州权威设计画室

学院派 🎨 图书馆无烟区
2014-11-30 来自谁说2G上不了网客户端

#习题－照片改造练习# 学习构图时候，最好不要一味临摹或抄袭，给个有用的建议，那就是可以根据照片来画，找好的摄影作品将其装饰化。照片摘自@学院派艺术教育 出版的《设计考试新图新解》。发挥想像力，艺术高于生活，但是源于生活！

艺考猎人凯罗君：
画面功底扎实，构图变化的角度也很赞。

威尔使幕思：
是不是人物图案也可以用这个方法学习咧？

评论2 转发0 赞0

装饰创作——《古今》 by 饭大川

学院派 图书馆无烟区
2014-12-03 来自谁说2G上不了网客户端

#习题－照片改造练习#画面中的主体物、辅助物利用造型特点、颜色变化和装饰元素等，进行反复穿插是让作品显得丰富的主要手段。

MR. Bigmiao

装饰创作——《乐器》by 大淼先生

Rockeeeeeeeey:
马头琴的造型很有趣！不过棍子好像插歪了的感觉？

实习归来的大丸子:
画面那黑色蓝色的颜色穿插很好看，既表现了很丰富的层次，又利用颜色画出了质感效果！

学院派🍜图书馆无烟区
2014-12-05 来自谁说2G上不了网客户端

#习题－照片改造练习#利用照片改成装饰画，应主动的改变其构图视角、物体组织安排，这样便可以得到与原图十分不同的画面效果，以避免参考同一张图片时类似和雷同的尴尬。

评论2 转发38 赞15

装饰创作——《静物创作》by 大牙&牙签

和蔼可为：
平视角蛮好的，就是右边的棒棒糖有点太抢眼。

铅笔头儿：
红色这张真是得到饭老师真传了，东西不多，但组合起来显得好丰富的！

学院派 高精尖技术研发队
2014-12-08 来自一个客户端

等你长大了就会明白，今天你挖我白颜料，改天我肯定会挖回来的。。。

选衬布很犹豫：
赞！平铺永远铺不完呐～

摆静物很纠结：
个人认为其是平铺式构图
很好用～～不用抓破头皮考
虑层次....不过还是要考虑
物体的摆法...哎呀，自相矛
盾了～

评论2 转发38 赞15

装饰创作——《画具》by 龙城少爷

学院派❷高精尖技术研发队
2014-12-09 来自一个客户端

用"主次式"画法来构图时候，要注意主体物的大小，更要注意主体物的穿插关系，不要画成孤立的单体。

我画得很开心，以至于忘了我是在天上飞，还是在水里游……

贾斯丁比比:

鲨鱼尾巴是不是涂颜色涂反了。。。不要揭穿我！！

林富贵:

噢噢~~楼主一说,还真的是涂反了~

评论2 转发48 赞29

装饰创作——《飞天》by 林B B

学院派 & 高精尖技术研发队
2014-12-15 来自一个客户端

马尔克斯说："回忆是一条没有归途的路，以往的一切春天都无法复原，即使是最狂乱且坚韧的爱情，归根到底液不过是一种瞬息即逝的现实，唯有孤独永恒。"

评论2 转发75 赞37

装饰创作——《Halloween》by 大淼先生

鸳鸯火锅
大淼后援团:
简约而不简单～好看！

丸
被咬了一半的大丸子:
这种构图参考穆夏的侧面肖像画法，很有装饰感。

凡罗画室
广州权威设计画室

学院派 ✅ 高精尖技术研发队
2014-12-15 来自一个客户端

转发微博。

#学院派资料推荐时间# 粉末都市。香港本地人用纸笔记录下已经逝去的老街老建筑。她笔下的东西已经不仅仅是房子招牌汽车人物了，而是浓缩的香港文化符号。

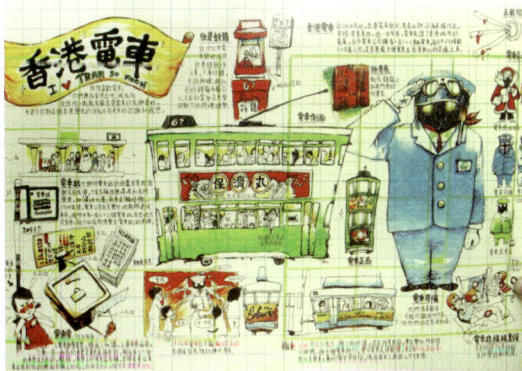

扫描二维码了解作者的更多信息吧！

人言可为：
香港就像蜂巢一样，充满甜蜜和机会但又异常拥挤。，香港人就像蜜蜂一样，勤奋并努力着。

用心考北服：
Stella So 的作品好细致！速写式的插图！

江南制造

设计学院

那些年，菊花还是指一种花，小鸡鸡也依然是家养的禽，老师从不被写成老湿，"日本人"也不会被拆开读。那些年，房价还是四、五千一平，五块钱的盖浇饭也是那么香喷喷。

情话美院：
请不要乱画我们学校的教工人员！

Mr.小雏菊：
点、线、面的组合很丰富，造型也很概括。

装饰创作——《视觉日记1》by 操操操宇哲

江京制造 设计学院

学院派☑**招待所多功能厅**
2014-12-18 来自三星not 2客户端

画生活日记比写生活日记的优势在于：你既可以练习画画技术；而且你画的别人也看不懂，可以很好地保护隐私。

大牙不蛀牙：
老细！这个画得好好！

Mr.小百合：
方形的构图很有意思！

评论2 转发36 赞29

装饰创作——《视觉日记2》by 操操操宇哲

江苏制造

设计学院

学院派 @ 招待所多功能厅
2014-12-20　来自三星not 2客户端

花哨轻浮的构思一天天，不如踏踏实实地画元素一坨坨~！

TENT
13.7.15

小象象在此：
装饰好丰富~但稍微有些前后不分！

构思：
我很重要的！

实践：
回复@构思：我更重要，我是真谛！北鼻，因为有我，你才能完整地存在~

评论3 转发52 赞21

装饰创作——《桌面》by Tent

江南制造

设计学院

学院派 招待所多功能厅
2014-12-21 来自三星not 2客户端

今天收上来的随堂作业两坨。有时候装饰画的人物造型和卡通人物的造型，真是就隔着一层窗户纸。

你要问我装饰画的人物该怎么画，我只能说，尽量平面化吧！

评论2 转发41 赞19

装饰创作——《自然》by Tent

装饰创作——《画具》by 小小原学生A

午夜玩逃生的大丸子：
犀牛的身上还有风景图案，挺有意思的。

初生牛逼不怕虎：
造型基本功够扎实的话，画这个也是很容易上手的！

学院派❤招待所多功能厅
2014-12-22 来自三星not 2客户端

#学院派资料推荐时间# 《恶童》（鉄コン筋クリート）。这部动画电影有两点让人印象深刻：1. 艺术指导很自黑，其名叫木村"真二"；2. 丰富到无法用言语形容的场景创作。

学院派🅥招待所多功能厅
2014-12-22 来自三星not 2客户端

转发微博。

#学院派资料推荐时间# 随电影而出的原画集共黑白两本，白本多为彩色成稿，黑本是草稿为主。看了后不得不被日本风格的细致入微所折服。

SHIT HAPPENS

光华老刘:
绘画人生导师啊!

光华川爷:
人生导师+1

光华顾儿:
人生导师+2

扫描二维码了解作者的更多信息吧!

"给点颜色看看吧少年！!!

SLICE TO READ

学院派 ❺京都八十一号院
2014-12-25 来自MOTOROLA客户端

　　想要给点颜色，就一定要先学好色彩构成。简单来说，色构就是研究色彩特点的经验总结，主要包括色彩心理和色彩对比，色彩心理就是我们看到某个颜色或某个基调会产生什么样的情绪。比如红色让人激动、暴躁和警戒；黄色让人兴奋、有幸福感和充满希望；蓝色让人沉静和思考；绿色让人觉得适目、自然和舒适等等⋯⋯

拖稿到下周的大牙：
在清华的毕业展上有看到这几张图，真是好丰富的画面啊！

大森先森：
嗯。

小象泉在此：
哼！谁让你盗图的？！

评论3 转发102 赞45

装饰创作——《微观》by 岳小象

扫描二维码了解作者
的更多信息吧！

学院派 🎐京都八十一号院
2014-12-27 来自MOTOROLA客户端

　　至于色彩对比，主要是研究色彩之间的关系。通过不同色彩搭配，可以产生不同的情感和联想。对于我们来说，高明度和中明度调子是比较容易出效果的。长调让画面对比强烈，产生刺激感受。而短调则让画面含蓄内敛，也有压抑意味。

大森先森：
用咖啡的颜色代表苦涩和哀愁，用糖果色的鲜艳代表喜悦和甜蜜。

饭大川美术学院：
你说的这是歌词吗？

大草原的大丸子：
"怒"的感觉好辛辣啊！

评论3 转发0 赞0

色彩构成——《喜怒哀乐》by 饭大川

学院派 & 京都八十一号院
2014-12-27 来自MOTOROLA客户端

　　用视觉来通感味觉、听觉和嗅觉什么的，主要要做的就是利用联想，利用颜色带来的联想力让人想到某些特定的人或事，从而引发不同的感受。比如：红色让人想到辣椒，那么就是"辛辣"的画面；褐色让人想到中药和咖啡，那么就是"苦涩"的画面。

评论2 转发30 赞45

色彩构成——《酸甜苦辣》by 凌心

饭大川美术学院：
画得不错！颜色很漂亮啊！

熬夜看球的大丸子：
和喜怒哀乐有些相似啊……看来都是相通的。

中央美術學院

《剑指央美》

学院派 @ 小偷公司财务办公室
2014-12-27 来自小玉米note客户端

不同的人看待"音乐节"也会有不一样的色彩表达，有人认为是多元的，有人认为是单纯的。关键不是认识的错与对，而是你的认识，通过画面让观众感知到了吗？

色彩构成——《音乐节》by 崔才成、何伊朗、方兴

塔下QWER的大丸子：
第一张像摇滚乐，第二张像乡村音乐，第三张像抒情歌曲。

毫不可为：
好惭愧，我也画了这个，不过我画得好潦草……好尴尬啊！

中央美術學院
剑指央美
点击领取

学院派 & 小偷公司财务办公室
2014-12-28 来自小玉米note客户端

通过图案中的点线面变化，也可以打破色块平铺的视觉感受，获得更丰富的颜色组合。

难能可为：
焦月月你画得蛮好的！

饭大川美术学院：
她偷懒了，她用了photoshop！！

评论2 转发40 赞25

色彩构成——《鸡妈妈》by 大丸子

中央美術學院
剑指央美
点击领取

学院派 & 小偷公司财务办公室
2014-12-29 来自小玉米note客户端

中央美术学院去年的设计考题让很多人不知道该怎么画，尤其是将包装纸再设计。其实用色彩构成再加装饰画的手法就可以轻松搞定。不要耻笑我们在中央美术学院学院考试中用图案方法，以前画图形创意时候，不也是很强调做上和画面效果吗？

饭大川美术学院：
不能光考虑画面效果啊，还要有点创意在里面才行！

LOLIPOP的大丸子：
少女心才画得出的画面！

真题重作——《棒棒糖》by Candy

中央美術學院
剑指央美
点击领取

学院派 & 小偷公司财务办公室
2014-12-29 来自小玉米note客户端

不知道有多少人注意到棒棒糖包装上的"DODO",也不知道有多少人能将其用文字设计的手法和甜蜜感融合。

美味交响乐
富含真正果汁!

柠檬味
棒棒糖

饭大川美术学院:
画得不错,此娃将来必定大有可为!

大有可为:
叫我干嘛?

饭大川美术学院:
……

评论3 转发52 赞18

真题重作——《棒棒糖》by 壹肆加

中央美術學院
剑指央美
点击领取

学院派 & 小偷公司财务办公室
2014-12-30 来自小玉米note客户端

表现音乐的色调可以采用以黄色为主，其他灰色穿插的效果。色调富有跳跃感能契合音乐的节奏气质。

模拟真题——《磁带》by 王睿源

摇摆的大丸子：
物体刻画得很深入，但文字写得一般。

饭大川美术学院：
后面的小灰色可以再多有些色相变化。

中央美术学院
剑指央美
点击领取

学院派 与 小偷公司财务办公室
2014-12-31 来自小玉米note客户端

以下列举出一些常用的色调，仅供大家参考。另外还有一些页面放不下的资料，也可扫描二维码延续阅读。

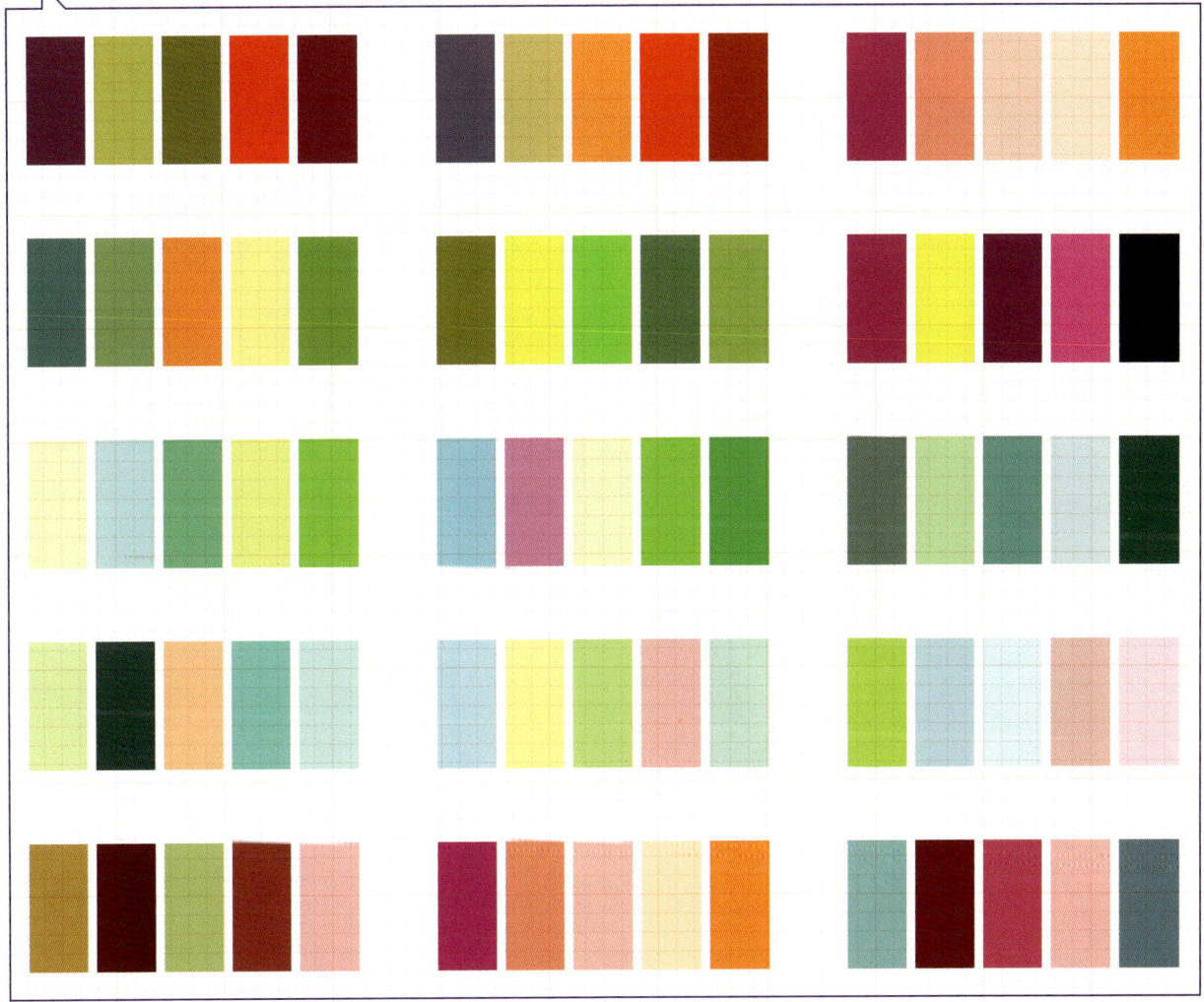

扫描二维码了解作者
的更多信息吧！

中央美術學院
《剑指央美》
点击领取目录

学院派🔥热火队更衣室
2015-01-01 来自美帝客户端

树深时见鹿，溪午不闻钟。

想念热干面的大丸子：
很好看的画面，元素很丰富而且有主次。

碌碌可为：
画过敦煌藻井图案的就是不一样啊！

评论2 转发42 赞37

装饰创作——《树深时见鹿》by 牙签

中央美術學院

劍指央美

点击领取

学院派 ❤ 热火队更衣室
2015-01-02 来自美帝客户端

无论造型的颜色多么丰富多彩，还是要有统治色调作为陪衬，才不至于画得过于缤纷繁杂。

临溪慕鱼的大丸子：
功底真扎实，颜色运用再多也让人感觉那么舒服~

罗得倒艺术学院：
太出色了，我们录取了！

评论2 转发92 赞67

装饰创作——《人与动物》 by 吴川燕

学院派 @餐厅六十六号桌
2015-01-04 来自ipaid客户端

大年三十头一天，过了初二就初三；初一十五半个月，六月三十整半年。@郭德纲
龙年大吉~！

评论2 转发0 赞0

装饰创作——《祥云龙》by 饭大川

拜年的大丸子：
这幅图的云纹、鳞纹是传统纹样的典型，学习了！

百事可为：
火球的处理也可以学习，画太阳时候可以用到。另外，东方装饰的代表元素
也可参考日本的一些作品，如浮世绘、友禅染和漆器。

学院派 餐厅六十六号桌
2015-01-05 来自ipaid客户端

……蛇年也大吉~！

装饰创作——《四季蛇》by 饭大川

大年三十画速写的大牙：
虽然作者词穷,只会大吉^^但蛇身体的花卉装饰变化很多啊，好像还
有牡丹、荷花、菊花和梅花的四季关系呢！

大淼先森：
守法朝朝忧闷，强梁夜夜欢歌；损人利己骑马骡，正值公平挨饿；修桥补路瞎眼，
杀人放火儿多；我到西天问我佛，佛说：我也没辙！

中国人民大學

RENMIN UNIVERSITY OF CHINA

WE'RE HERE!

学院派 热火队更衣室
2015-01-10 来自美帝客户端

热爱生活的积极乡村女主妇VS厌恶工作的消极城市男白领。

评论3 转发52 赞21

装饰创作——《福》by 饭大川
装饰创作——《Saturday》by 饭大川

Rockeeeeeeey：
蓝紫色调衬托下的寂寞的男人~冷调子一定会感到消极吗？

城乡结合部：
对比好鲜明，颜色的运用也能如此凸显画面的气氛对啊，以后用颜色要清楚自己想表达的氛围呢~

PENKIN UNIVERSITY OF CHINA
中国人民大学
WE'RE HERE!

学院派 & 热火队更衣室
2015-01-12 来自美帝客户端

假如高考以后不考设计了，你还会喜欢改行的我吗？@那些年上过我课的学生。

央美保底剑指深大：
老师打算改行做火锅吗？
那我一定捧场！

海底房：
好看的海报！火锅里的平
铺处理也很巧妙。

评论2 转发41 赞19

装饰创作——《HotPot》by 饭大川

学院派 @ 餐厅六十六号桌
2015-01-13 来自 i paid客户端

两张上色图案示范，大过节的好想好想趴在@红烧鱼 上撒个猛娇~

另外，应该不会有学校丧心病狂地考《夜总会一角》这个题目吧？

评论3 转发52 赞21

装饰创作——《想猫的鱼》by 大淼先生
装饰创作——《KTV！》by 饭大川

金时美术的红烧鱼：
趴我？

粤语控的牙签：
好骚气的颜色！

拜年的大丸子：
利用光线交错作为穿插，的确是个巧妙的处理手法。

学院派❷餐厅六十六号桌
2015-01-15 来自i paid客户端

好久以前校长大人画的故事新编拿出来晒晒。用补色或对比色为主要搭配方式的填涂，在当时清华考图案那个年代还是很有话语权的，我很怀念那段借助考试追求最美装饰的时光。

@光华画室 @刘一帆ShitHappens

评论2 转发41 赞19

装饰创作——《唐吉坷德》by ShitHappens

光华旺旺：
忆光华！

光华大森：
物体平面化的概括能力可不是一朝一夕可以练成的！

饭大川美术学院：
画面用颜色来区分前后关系，真是高手啊！

学院派 ✪ 一号洞穴
2015-01-16 来自摩托罗拉大哥大5G客户端

千手观音和摇滚乐队的结合，内容太多了导致画面有点杂乱。这种事我能说么？

Rockeeey:
用中国题材再加外国涂鸦风格混搭~

老刘您再虐我一次:
不愧是校长大人。。
太强悍了。。

装饰创作——《千手观音》by ShitHappens

一招鲜，吃遍天。你看懂了没？@只会应试的美术生

评论2 转发41 赞19

装饰创作——《生活》by 赵大方

双子处女座：
我才不要这样！太应试了！但是自己又想不出来

白羊狮子座：
回复@双子处女座：吃不到葡萄说葡萄酸。。。

天蝎摩羯座：
呵呵哒~

华师一附中

学院派 ✔ 一号洞穴
2015-01-18 来自摩托罗拉大哥大5G客户端

#习题－套题模版创作# 心情太美丽了，画了一张@逛庙会。想像着自己跑到大街上舞了一曲，锵锵，起锵起，锵锵锵，起锵起~！

装饰创作——《逛庙会》by 饭大川

湖蓝加白：
就三、四个颜色能画这么丰富？？

大红加黄：
关键还是要穿插啊，通过色块什么的。

華師一附中

没有理由没有借口 因为热爱所以追求!

学院派 ❤ 一号洞穴
2015-01-19 来自摩托罗拉大哥大5G客户端

细节多么丰富，造型多么生动的线稿啊！居然只沦为学生们上色的工具纸，我仿佛看到画中的人物含着泪。

丸 **坠落的大丸子：**
赐福，纳祥！

☕ **暖色调：**
平面化处理之后
的造型果然更有
装饰感！

装饰创作——《创意东方》by 饭大川

学院派

学院派 🅥 一号洞穴
2015-01-20 来自摩托罗拉大哥大5G客户端

@一枚萌妹子 画的水彩装饰插图，中国风里透露着前卫的气息。

装饰创作——《刀马旦》 by 岳小象

小象象在此：
未经许可盗图者一辈子减不了肥！

彩色的大丸子：
小象姐姐的画面真是丰富，线条穿插好赞！

饭大川美术学院：
好漂亮@小象_hong，据说微博上艾特了作者名字就不算盗图？

小象象在此：
回复@饭大川美术学院：你们都是臭流氓！

学院派 图 **一号洞穴**
2015-01-21 来自摩托罗拉大哥大5G客户端

今天负荆请罪带着@满记甜品和@ Uncle Testu参观了@一枚萌妹子的工作室，随手拍了两张她画的水彩画，精致而优雅着。

评论4 转发41 赞19

装饰创作 by 岳小象

大森先森：
也没什么了不起的哟～好乱的线条哟～

小象象在此：
你说什么？你再说一遍！？@饭大川美术学院，你也不管管！？

饭大川美术学院：
……您拨叫的用户暂时无法接头，请稍后再拨……

小护士大丸子：
回复@饭大川美术学院……老师，您都打错字了，还无法接头……

扫描二维码了解作者
的更多信息吧！

/ 125

学院派 👤 一号洞穴
2015-01-22 来自摩托罗拉大哥大5G客户端

#习题－套题模版创作#学生刚联考回来就马上要考校考好烦躁！校考完了俩三月就要高考好烦躁！唉，这个世界上有百分之五十的烦恼都是通过好好睡一觉就能解决的。至于剩下的一半……等睡醒再去想吧~！

评论3 转发0 赞0

装饰创作——《童年》by 饭大川

Rockeeeeey:
童年就有小竹马可遇不可求啊！人物的衣服上还有图案蛮赞的！

逆生长:
老师的童年阴气好重.....怎么能用蓝色和红色画人皮肤呢？

高级灰:
赞一个！只要氛围合适，什么颜色都可以！我们不要只是看到具体物体，而是要站到更概括的高度去看。我们见到的，都是色块，画的也是色块间的关系啊！

学院派 ✔ 一号洞穴
2015-01-23 来自摩托罗拉大哥大5G客户端

#习题－套题模版创作#不知从什么时候开始，画东华的考试就没人愿意用水粉了，殊不知这种表现手法要比马克笔深沉厚重一百倍！

用水粉画图时候，要先画色块，后压色。物体造型和颜色涂抹都力图概括，少画废线条，少涂废颜色。

有时候，还可以用彩铅画，表现过渡和细节。

评论2 转发41 赞19

装饰创作——《shopping》by 大淼先生
装饰创作——《Artbot》by 大淼先生

Rockeeeeeeeeeey：
色块的频繁穿插让造型之间充满联系！

艺考困难户：
求高人指点！

没事杀杀人跳跳舞：
同求！

高仁画室：
回复@艺考困难户：想要高人请来高人画室～专家教师为你一对一辅导，包过清华！

这广告做的真没水准。。清华不考彩装。。。

学院派 ❀召唤师大峡谷
2015-01-25 来自英雄联萌客户端

#习题－套题模版创作# 画好颜色的第一步并不是画好色相的对比，而应该是先处理好明度关系，也就是说，色阶关系很重要！你们以为那么久的黑白图案是白画了么？同理也可知道为什么学习水粉之前，要先画好素描。

另外，你注意到这两张都是红色配绿色了吗？红绿调很难画的，这里用了不同的调节方法。第一张降低了纯度，第二张增加了黄色做背景。

评论3 转发52 赞21

装饰创作——《童年》by 大淼先生
装饰创作——《城市生活》by 水木源学生B

洛丽塔的大丸子：
小清新的配色～城市生活在我的印象里应该是银灰色的吧。。

火影海贼王：
用色真大胆！红配绿！

金時美術
大连权威设计画室
QQ 715261485

L ⓥ

学院派❷召唤师大峡谷
2015-01-26 来自英雄联萌客户端

#习题－套题模版创作# 根据诗歌改编的装饰小创作两幅，外加高富帅必备的卤蛋，没钱吃咱还能没能耐画么？可以画饼充饥，画蛋炫富。

评论2 转发41 赞19

装饰创作——《再别康桥》by 涂老师
装饰创作——《早发白帝城》by 涂老师
装饰创作——《有卤蛋的桌面》by 饭大川

闽南人在北京：
老西，用色好好看，我宣你~！

台北幺妹：
老西，你顿顿都有卤蛋吃吗？我宣你！

学院派 & 炉石竞技场
2015-01-28 来自诺基亚以前的客户端

#习题－套题模版创作#东华的模拟考试作业三张，水粉完成。

By KW

评论2 转发52 赞21

找不到北的大丸子：
画面有个主色调真的好重要好重要。

小象象在此：
红调子这张好看！

装饰创作——《水世界》、《购物》、《自然》by 李不懂

学院派 ® 炉石竞技场
2015-01-29 来自诺基亚以前的客户端

#习题 - 套题模版创作#变调练习，暖色调以红黄为主，调子特点是色相及明度接近，易于达到和谐。但有时过于慵懒，所以应加入适当冷色调节画面；冷调子应以绿、蓝和紫为主，画面细致耐看，有一定的距离感。虽然这么说，这两张图还是画的都偏中性调子，虽然很好，但不算是最纯粹的冷暖调……另外，这狮子头的造型好水啊，是转基因品种吧？

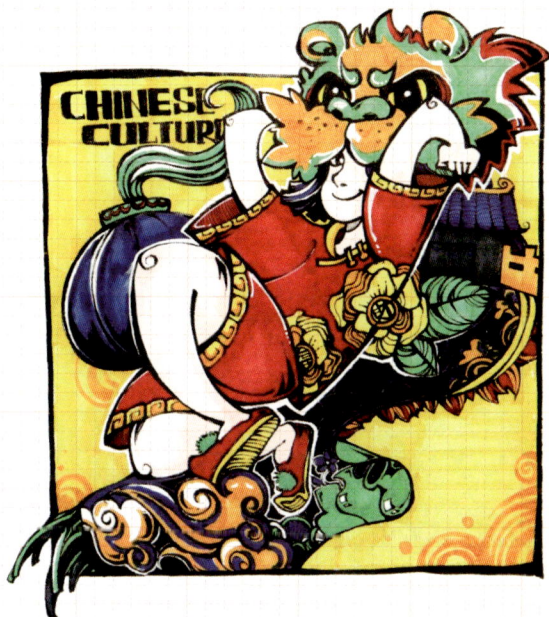

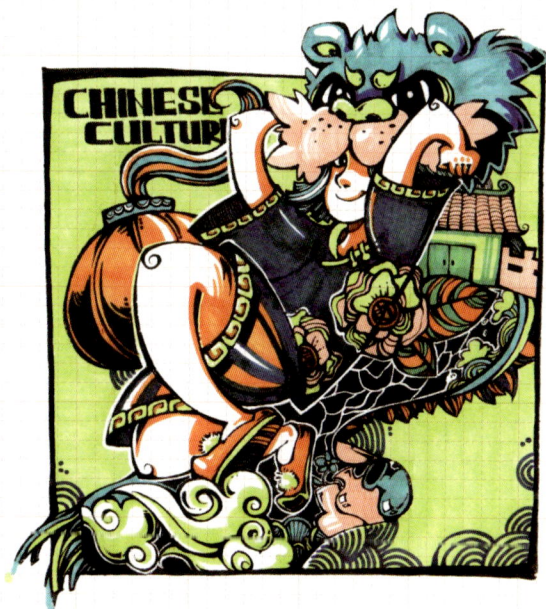

装饰创作——《舞狮》by 涂老师

冷暖插图示范by《波隆纳插图集》

华师一普通高一学生：
这就是考大学要学的装饰画？

华师二普通高二学生：
蓝绿这张不太像中国传统色调。。

学院派 & 炉石竞技场
2015-01-30 来自诺基亚以前的客户端

#习题－套题模版创作#单色的画面呈现类似版画和丝网印刷的效果，操作简单实用，需要颜色的反复穿插以及留白压黑的合理运用；多色画面丰富缤纷，为避免颜色混乱应该有主要色调支持。两种画面都是装饰上色的很好选择，而且，单色彩色不是评判画面的标准，关键还是要看造型和构图。正如拿刀还是拿枪杀人多，关键要看是你拿着，还是塔利班拿着。

华师一霸妹：
没有理由！没有借口！

华师三普通高三学生：
同意！没有用笔和构图的功底，什么颜色都是白搭！

评论3 转发52 赞21

装饰创作——《Summer》、《逛庙会》by 涂老师
装饰创作——《三碗不过岗》、《逛庙会》by 罗仪

学院派 🔥 炉石竞技场
2015-01-31 来自诺基亚以前的客户端

这个杀手不太冷，这个僵尸不太硬～

去年为准备中传的小白杨考试而做的创作练习给大家看一下，顺便说一句，作者通过了。

小白羊：
画得真不错！

金时美术的大白兔：
可以算作是中国传媒大学考试的典型例子了啊！

评论2 转发41 赞19

动漫创作——《Giant》by 杨澍

北京工业大学
BEIJING GONG YE DA XUE

囍

学院派 ⓥ 婚丧中介所
2015-02-01 来自大米六俺卓客户端

#学院派资料推荐时间# 波隆纳插图年鉴。众多插图师的优良作品汇集的画册，各种风格应有尽有。

北京工業大學
BEI JING GONG YE DA XUE

囍

学院派 与 **婚丧中介所**
2015-02-01 来自大米六俺卓客户端

#学院派资料推荐时间# 波隆纳插图年鉴。一共有数十本画册，此处仅列举出几幅供大家心领神会。

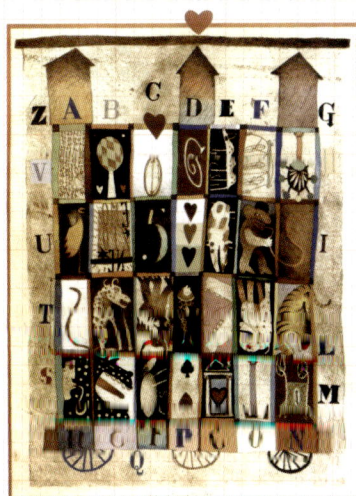

小象象在此：
波隆那的很多插图作品都很有参考价值！

素描关系：
回复@小象象在此，没错，还有《插图市集》也很好！美女留个联系方式呗？

小象象在此：
@饭大川美术学院，看！有人跟我搭话呢！你还不管？！

扫描二维码了解作者
的更多信息吧！

感人肺腑，尽在一瞬间！⑤

中国人民大學

RENMIN UNIVERSITY OF CHINA

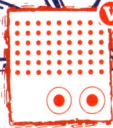

学院派 和 心情电台
2015-02-03 来自不知名客户端

＃习题－歌词创作＃我曾经跨过山和大海，也穿过人山人海。

我曾经问遍整个世界，从来没得到答案。我不过象你象他象那野草野花～

冥冥中这是我唯一要走的路啊！时间无言，如此这般。

明天已在眼前。风吹过的，路依然远。你的故事讲到了哪～？ by @韩寒 @后会无期

无家可为：
画一场后会无期的旅行。

去哪儿网客服9002：
红黄调子的典型案例！当年范老师画示范时候，就猜到那电影主角姓马了嘛？

评论2 转发0 赞0

装饰创作——《旅途》by 饭大川

HB Ⓥ

学院派 ✿ 大观园潇湘馆
2015-02-05 来自不知名客户端

希特勒曾希望成为画家，他中学时期只有绘画一门是"优"。19岁时报考维也纳艺术学院未被录取。希特勒对此耿耿于怀，认为没有录取他"世界肯定蒙受了重大损失"。若希特勒能成为一名画家，也许他不会成为祸害人类的纳粹狂人，现在的世界会变成怎样？千万别让画画的绝望。不然搞艺术的会毁灭世界的……@玩炸药的蔡国强

🎨 **北京自然懂美术培训：**
红黑配搭,冲击力好强~题材也很不错~~

😀 **电脑白痴大牙君：**
红色气息浓厚的画~

真环：
人物造型也是极好的！背景也是真真的好！

评论3 转发52 赞21

装饰创作——《齐天大圣》by 琚理夫人

北京师范学

HB ⓥ

学院派 🅐 **大观园潇湘馆**
2015-02-06 来自不知名客户端

想把你揣兜里，到哪都悄悄陪着。走在大马路，手插裤袋，你就抱着我的手指，听我吹口哨，fa mi do re do!

忧郁的白菜叶儿：
再次切割构图~收入
囊中~!

大淼先森：
手的造型简练概括，
人物的头部有点大啊
我表示……

评论2 转发0 赞0

装饰创作——《My iPad》by 饭大川

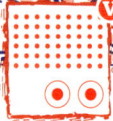

学院派 心情电台
2015-02-07 来自不知名客户端

＃习题－歌词创作＃我要一所大房子，有很大的落地窗户。

阳光洒在地板上，也温暖了我的被子。

@孙燕姿yanzi

Rockeey:
每个造型画得举重若轻，层次分明又不繁冗，极好的！

小象象在此:
色调搭配使用相对纯的颜色，有快乐的感觉！

评论2 转发72 赞38

装饰创作——《完美的一天》by 涂老师

学院派 ❤ 心情电台
2015-02-08 来自不知名客户端

#习题 - 歌词创作# 我唱得她心醉，我唱得她心碎。

她努力不让自己看来很累。

岁月在听我们唱无怨无悔，在掌声里唱到自己流泪。

唱到自己流泪。@学友

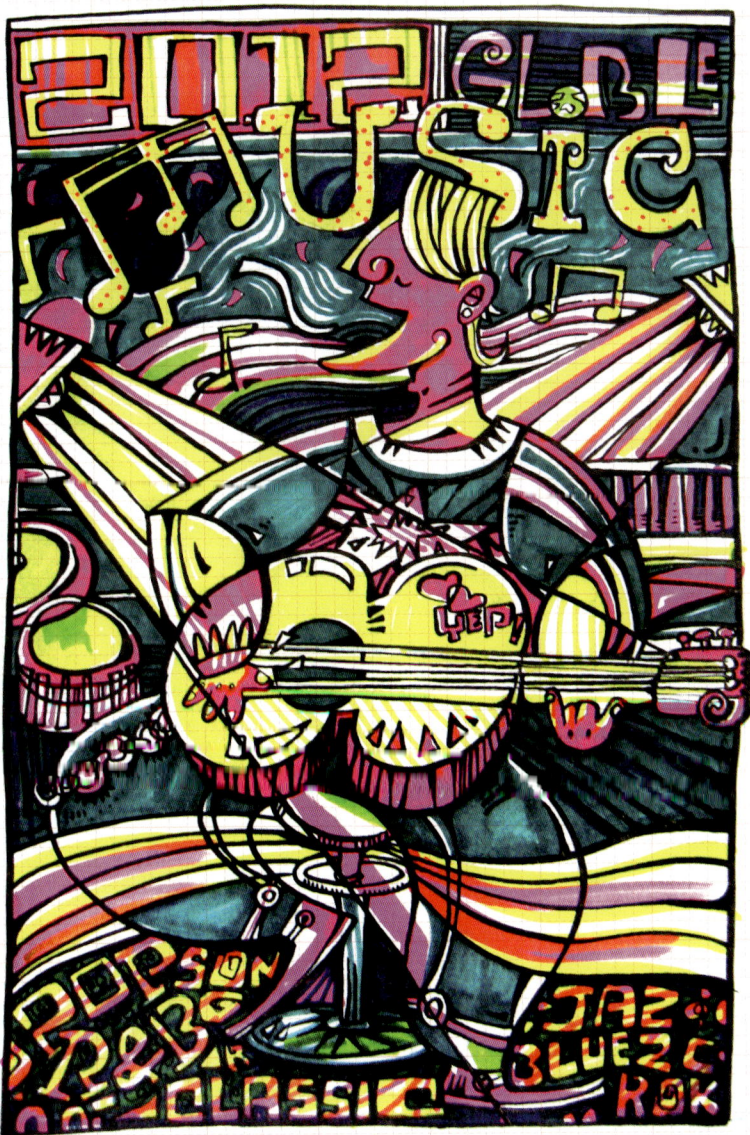

四大天旺：
这张是参考范玮琪唱过一首《红绿配》来画的，是不咧？

画画去哪儿：
你把我灌醉~你让我流泪~~~~

芒果台：
红绿配还是需要有穿插组合的，灯光的处理也很赞！另外黄绿色的出现很关键！

评论3 转发 0 赞0

装饰创作——《她来听我的演唱会》by 饭大川

学院派 ✔ 瞎编研究事务所
2015-02-10 来自不知名客户端

#习题 - 歌词创作# 我检票经历风暴和岛屿，大海的人鱼在陪伴着我。

还记得你说家是唯一的城堡，随着稻香河流继续奔跑。微微笑，小时候的梦我知道~~

我检票经历风暴和岛屿
大海的人鱼在陪伴着我

——《安徒生的事》

装饰创作——《安徒生的事》by 光华学生A

装饰创作——《稻香》by Mr.BuroG

无家可为：
艺考也是一次尽情享受风暴的冒险啊！

华师一霞妹：
因为热爱，所以追求！

周董周大福：
什么时候我们才能逃离都市的喧嚣而享受那淡淡的稻香呢？

北京師範大学

学院派②瞎编研究事务所
2015-02-13 来自爱疯迷你客户端

#习题 - 歌词创作#你是心中的日月，落在这里~

我真的还（四声）想再活五～～～百年～～～～～@故宫博物院

评论2 转发41 赞19

装饰创作——《心中的日月》 by 杨鹏

装饰创作 《向天再要五百年》hy 姚什么

Rockeeeeey:
这个题目好有趣，好的歌曲打动人，好的画面感染人！相得益彰！

沉到明儿:
这龙好霸气！深得寡人心意！

北京工业大学
BEI JING GONG YE DA XUE

学院派 & 瞎编研究事务所
2015-02-15 来自爱疯迷你你客户端

习题 - 歌词创作

啊～～情深深雨蒙蒙～雨蒙蒙情深深～情深深雨蒙蒙～雨蒙蒙……

你永远不懂我伤悲，像白天不懂夜的黑。

评论3 转发32 赞25

装饰创作——《情深深雨蒙蒙》by 付文婕

装饰创作——《白天不懂夜的黑》by 郭奕璇

校对师大丸子：
为什么我看见标题是天上的星星不说话，地上的孩子想妈妈。。。

必剩客：
回复@校对师大丸子：你还想要工资不？敢拆穿笔误？

校对师大丸子：
……画的很像@赵薇哦！画面细致婉约，有情调！

北京工业大学
BEI JING GONG YE DA XUE
工业设计

学院派 瞎编研究事务所
2015-02-16　来自爱疯迷你客户端

＃习题－歌词创作＃

锵里个锵，锵里个锵，锵里个锵里个锵里个锵……
闲言碎语不要讲，表一表好汉武二郎。

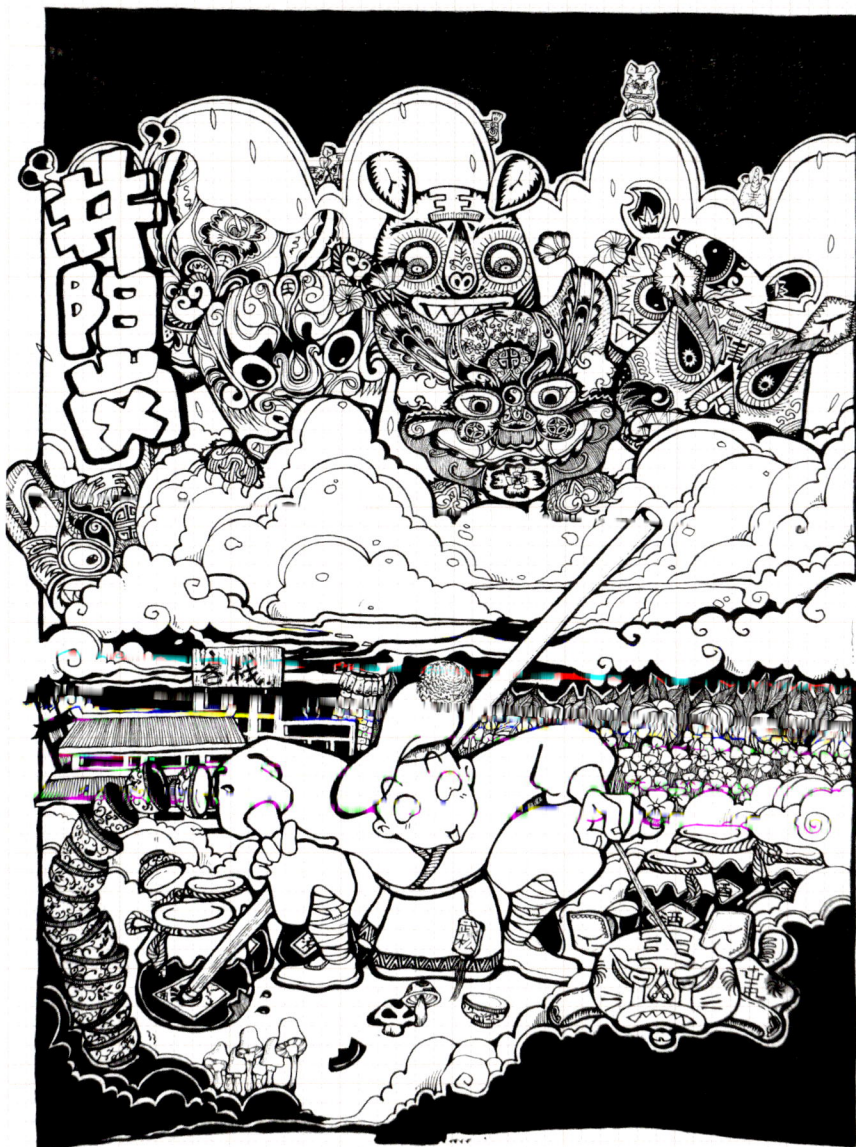

无懈可为：
布老虎的传统纹样值得借鉴！

A **精品班A组：**
好贱的表情~……我喜欢耶~！

评论2 转发61 赞14

装饰创作——《三碗不过岗》by 袁硕硕

北京工业大学
BEI JING GONG YE DA XUE

学院派 & 洗浴休闲中心
2015-02-18 来自爱疯伍客户端

习题 – 歌词创作

爱着你像心跳难触摸，画着你画不出你的骨骼。记着你的脸色是我等你的执着，你是我一首唱不完的歌。

怪物史莱克：
What? Is that me?

Donkey:
Yeah! Well drawing!

Donkey:
And good skin!

Donkey:
Why you didn't paint donkey ? We're a team!

Donkey:
Whatever, btw, it looks great that skin is so white and you give it a dark desk.

Donkey:
I think the DreamWork will like your work huh?
What' your name,kid ?

怪物史莱克：
Enough ! Donkey !
Go away !

评论7 转发82 赞29

装饰创作——《画皮》 by 吴川燕

北京工業大學
BEI JING GONG YE DA XUE
工业设计

学院派🌀洗浴休闲中心
2015-02-19 来自爱疯伍客户端

我喜欢让学生画故事新编，如同原研哉讲的"redesign"一样，在原本人们熟知的故事情节基础上，无论是进一步解释还是再造颠覆，效果都是是动人的。黑匣子打开，创意涌出来~

番茄炒蛋：
造型和装饰够细腻、够丰富的！

棍子炒肉：
后面的小点点不错！

CYu.

评论2 转发41 赞19

装饰创作——《黑匣子》by 乘以三

北京工业大學
BEI JING GONG YE DA XUE

学院派 🛁 洗浴休闲中心
2015-02-20 来自爱疯伍客户端

晚上从画室回宿舍，门卫大爷迎面巡逻而来。他突然对我大喊："站住！素描五大面是什么？"我："亮面、灰面、暗面、高光、反光。""文艺复兴三杰谁死的最早？"我："拉斐尔37岁就死了。""梵高割的是左耳还是右耳？"我："左！""鲁迅美院是在浙江绍兴吗？""不，是在东北……""有个人拿了中央美院的证，文化课考了530，为什么没录取？"我："因为他被清华录取了！"保安："好的，你可以走了。"我感到诧异的问："为什么问这样的问题？"保安："深夜还在画室走动，落魄又憔悴的样子，不是小偷就是美术生！"

转圈的大丸子：
看似随意的画面，里面包含了正面、侧面、顶面、底面和背面～学习了！

指日可为：
艺术生那份对于美的追求，将会让他受益终生！

评论2 转发0 赞0

装饰创作——《桌上静物》by 饭大川

北京工業大學
BEI JING GONG YE DA XUE
工业设计

DESIGN

学院派 & 洗浴休闲中心
2015-02-24 来自爱疯伍客户端

#学院派资料推荐时间# Blacksad是由西班牙作家Juan Diaz Canales和艺术家Juanjo Guarnido共同出版的漫画专辑系列。这本漫画呈现出黑色电影风格。所有的漫画人物都是拟人化的动物，其物种体现自己的个性。例如，几乎所有的警察都是犬科动物，而黑道人物往往是爬行动物或两栖动物。

狗不理的庆丰：

大场景好迷人……虽然画的都是动物，但极富有人的情感啊！

扫描二维码了解作者的更多信息吧！

学院派 ❷ 一号洞穴
2015-02-22 来自摩托罗拉大哥大5G客户端

＃习题－歌词创作＃

阳光下蜻蜓飞过来，一片一片绿油油的稻田。水彩蜡笔和万花筒，画不出天边那一道彩虹。

什么时候才能像高年级地同学有张成熟与长大的脸。

盼望着假期，盼望着明天。

盼望长大的童年。

饭大川美术学院：
专注装饰插图二十余年，擅长多种绘画手段。东北小伙手活熟练，画面含蓄
而暗藏性感。不着华曼，好香涂身。

装饰创作——《Toys & Music》 by 大淼先生

学院派 ☑ 大牙乘以三
2015-02-28 来自导播不让播客户端

蛙牙男孩端坐于大莲花上，酣然大睡于背后绘满图案的大床之上，头靠于手抱有贴画纸的枕头上。其另一手手拿托把式的大画笔，颜料正从画笔上流淌下来，沾湿周围。画室命令禁止画画时间睡觉，但这一切对他来说也只不过是浮云而矣。

饭大川美术学院：
要是人物头部再出彩些该多好！花纹很有参考意义！

评论1 转发123 赞96

装饰创作——《不坐高广大床》by 大牙

学院派

学院派 🐢 一号洞穴
2015-03-01 来自摩托罗拉大哥大5G客户端

#习题 – 故事新编创作# If I have no knife, I can't protect you. If I had a sword, I can't hold you.

如果我没有刀，我就不能保护你。如果我有刀，我就不能拥抱你。
@剪刀手爱德华

饭大川美术学院：
人物造型具有很好的装饰性，黑白灰的层次关系也很到位。

装饰创作——《剪刀手爱德华》 by Rockey

学院派 ❤一号洞穴
2015-03-02 来自摩托罗拉大哥大5G客户端

#习题－故事新编创作# HI! I'm Jack Sparrow ~@加勒比海盗

饭大川美术学院:
很生动的人物形象！一抹红的处理很巧妙啊！边缘线的装饰也很细致！

蛙泳的大丸子:
我们都爱德普！

评论2 转发44 赞20

装饰创作——《加勒比海盗》 by 乘以三

学院派 ❤一号洞穴
2015-03-03 来自摩托罗拉大哥大5G客户端

#习题－故事新编创作#

My father taught me... that fear is always a constant. But accepting it ...makes you stronger.

我父亲教导我，害怕是一直存在的 接受它 会让你变得更强。

@斯巴达三百勇士

饭大川美术学院：
几个场景排列的很巧妙，但矛若是冲出画面会更有冲击力。

画动漫的大丸子：
在爱德华的身后加怀表不是好主意，有点破坏主体物啊。

评论2 转发26 赞18

装饰创作——《斯巴达300勇士》
装饰创作——《钢之炼金术士》

学院派 @ 一号洞穴
2015-03-05 来自摩托罗拉大哥大5G客户端

习题－故事新编创作 # While the broken sword rebuilding, i will be coming back. @英雄联盟

饭大川美术学院：
《LOL》这主次倒是分明，但后面画的有点乱啊！

铁皮青蛙肚子内的大丸子：
《玩具总动员》的主体物画得不错，不过后面略显平淡。

评论2 转发14 赞10

装饰创作——《LOL》

装饰创作——《玩具总动员》

学院派 🎨手艺人周钰淼
2015-03-07 来自学院派艺术培训十诚客户端

习题 - 故事新编创作

The truth is that I'm a bad person,but that's going to change,

I'm going to change.This is the last of this sort of thing.

I'm cleaning up and I'm moving on,going straight and choosing life

I'm looking forward to it already.

@猜火车 Trainspotting

饿的心慌慌的大丸子：
看似随意的人物造型里面包含了扎实的图案基本功啊！学习了！

百事可为：
周爸爸的画面精致得让人心碎！

评论2 转发46 赞28

装饰创作——《猜火车》by 大淼先生

学院派♨洗浴休闲中心
2015-03-08 来自爱疯伍客户端

#学院派资料推荐时间# 上杉忠弘（TADAHIRO UESUGI）这位1966生于宫崎县的日本大师级的插画家，影响了很多下一代的插画家。十几岁接触法国漫画家Mebius的作品。19岁就读于时尚插画学院（SETSU MODE SEMINAR）。在多元校风感染下，对时尚开始感兴趣，进而反映在画风上，于是从漫画志向慢慢转移至现代摩登艺术。28岁时开始替女性杂志作画而成为插画家。目前是自由工作者。

扫描二维码了解作者的更多信息吧！

饭大川美术学院：
光影色块太美我不敢看太久……